LA VIE APRÈS L'EGO

DOGO BARRY GRAHAM

LA VIE APRÈS L'EGO

Traduit de l'anglais (Écosse)
par Michael Belano

POCKET

Titre original :
KILL YOUR SELF

MIXTE
Papier issu de sources responsables
FSC® C003309
FSC www.fsc.org

Pocket, une marque d'Univers Poche, est un éditeur qui s'engage pour la préservation de l'environnement et qui utilise du papier fabriqué à partir de bois provenant de forêts gérées de manière responsable.

ISBN : 978-2-266-29952-7
Dépôt légal : avril 2020

En mémoire de Charlotte Joko Beck, grand maître,
avec tout mon amour et ma gratitude,
en mots et en actions, et même au-delà.

Je suis particulièrement reconnaissant envers Daishin Bree Stephenson, pour tout ce qu'elle m'apporte, chaque jour.

Cet ouvrage n'aurait pas vu le jour sans les encouragements de la regrettée Charlotte Joko Beck, dont la gentillesse envers mes disciples et moi fut inestimable.

Concernant cette traduction française, je suis reconnaissant envers mon ami Mikaël Demets, qui participe aussi à publier mon œuvre romanesque chez Tusitala, magnifique petite maison d'édition.

Dogo Barry Graham
Centre zen Sitting Frog, Phoenix, Arizona.
Automne, année du Lièvre

INTRODUCTION

LA PERSONNE BRUYANTE QUI VOUS BOUCHE LA VUE

Imaginez que vous êtes assis au cinéma, et que devant vous se trouve une personne si imposante qu'elle vous empêche de voir l'écran, qu'elle vous bouche complètement la vue. Pour ne rien arranger, elle parle très fort, de sorte que vous n'entendez pas le film.

Cette personne, c'est vous. Vous êtes incapable de constater à quel point votre vie est parfaite (car oui, elle l'est) parce que vous vous en bouchez la vue.

Voilà comment je me suis débrouillé pour ne plus me boucher la vue :

Il y a vingt ans de ça, je suis entré dans un petit centre zen situé dans le quartier difficile d'une grande ville industrielle. C'était à peine un centre zen, en fait ; le maître, un ouvrier métallo à la retraite qui tremblait à cause de la maladie de Parkinson, organisait des cérémonies dans son appartement.

J'avais échoué là parce que je n'avais pas trouvé de meilleure idée. Au fond de moi, je savais que mes pas étaient en train de m'entraîner sur les chemins de la prison, ou du cimetière. Beaucoup de mes amis avaient déjà fini là-bas, et je n'avais aucune envie de leur emboîter le pas. Je ne le savais pas encore à l'époque, mais j'étais victime d'un stress post-traumatique.

Ce soir-là, seulement deux personnes allaient se présenter au centre zen. J'étais en avance, et il n'y avait pour l'instant que le maître. Je lui ai raconté tout ce qui n'allait pas chez moi, puis je lui ai demandé :

« Vous pouvez m'aider ?

— Non », a-t-il répondu.

Je pensais qu'il sous-entendait qu'il n'avait pas assez d'expérience, qu'il n'était pas assez compétent – voire qu'il n'était pas au niveau. J'ai insisté :

« Dans ce cas, qui peut m'aider ?

— Personne, répondit-il. Vous ne serez jamais mieux que vous ne l'êtes actuellement. Tous les problèmes que vous affrontez en ce moment, vous aurez à les affronter toute votre vie.

— Alors pourquoi est-ce que je me tournerais vers le zen ?

— Aucune idée. Je ne vous ai jamais dit de le faire. C'est vous qui êtes venu ici.

— Bon, alors est-ce que vous pensez que je devrais me tourner vers le zen ?

— Comment est-ce que je saurais ? Si c'est le cas, vous êtes le bienvenu. Mais ça ne me regarde pas. Si vous décidez de venir ici, vous serez responsable de vous-même. »

Quand je relis ces mots imprimés, ils semblent durs, sévères. C'était tout le contraire. En les entendant, j'ai ressenti un soulagement presque écrasant. Je savais que l'on venait d'être sincère avec moi. On ne me mentait pas. Du coup, même si je ne comprenais pas pourquoi quelqu'un pratiquerait le zen si ça ne l'« aidait » pas, j'ai fait confiance au zen, et à mon maître. Quand les deux autres participants sont arrivés ce soir-là, je me suis joint à la cérémonie. On s'est assis sur des coussins, on a chanté en japonais, puis on a fait deux sessions d'une demi-heure de méditation silencieuse sans objet, qu'on appelle zazen.

Zazen signifie « assis dans la méditation ». Cette pratique est au cœur du zen, et doit être réalisée quotidiennement. Je vous recommande de l'apprendre d'un maître qui pourra vérifier votre posture et répondre à vos questions, mais voici les bases de cette pratique que Dōgen Zenji surnommait « le pont du dharma vers une grande sérénité et une grande joie ».

Asseyez-vous sur votre *zafu* (coussin). Vos genoux doivent rester sur le *zabuton* (petit coussin plat et carré placé sous le *zafu*), afin que votre poids soit bien réparti entre ces trois points : vos fesses et vos deux genoux.

Imaginez qu'il y a des petites roues sous votre bassin, comme celles d'un caddie de supermarché. Roulez vers l'avant, et vous allez sentir votre corps trouver de lui-même le bon alignement.

Vous devez maintenant vous tenir droit, dans une posture stable, mais détendue. La tête droite pour que le plafond puisse y reposer, s'il était plus bas. Positionnez vos mains dans le geste du mudra cosmique – juste sous votre nombril, les paumes vers le ciel, la paume gauche dans la droite, en faisant se toucher le bout des pouces.

Fermez les yeux à moitié, laissez-les se perdre dans le vide. Inspirez normalement par le nez, sans essayer de contrôler votre respiration. Soyez simplement attentif à votre souffle, au point de le sentir pénétrer en vous. (Au cours des premiers mois de pratique, cela pourra vous être utile de compter chaque respiration, en repartant de zéro à chaque fois que vous êtes distrait ou que vous atteignez le chiffre dix. Personnellement, je n'ai jamais atteint le chiffre dix.) Lorsque surgissent des pensées, ne les rejetez pas, mais ne les accueillez pas non plus ; contentez-vous de constater qu'elles affleurent, et reportez votre attention sur votre respiration. Ne vous racontez pas d'histoire : lorsqu'une histoire surgit dans votre tête, contentez-vous de constater qu'elle affleure, et reportez votre attention sur votre respiration. N'essayez pas d'atteindre un état d'esprit particulier, d'être paisible ou d'être énervé. Lorsque vous vous rendez compte que vous êtes en colère, n'essayez pas de ne plus l'être, et ne vous plongez pas dans la colère non plus ; remarquez simplement que vous êtes en colère, et reconcentrez-vous sur votre respiration. Lorsque vous vous rendez compte que vous êtes tranquille, ne vous baignez pas dans cette tranquillité ; remarquez simplement que vous êtes tranquille, et reconcentrez-vous sur votre respiration. Que vous soyez extatique, inquiet, calme, impatient, ennuyé ou euphorique, quel que soit votre état, contentez-vous de le remarquer, et reconcentrez-vous sur votre respiration. Reporter son attention sur sa respiration, c'est retourner à la vie, à votre vie, en cet instant.

Sur le coup, j'ai pensé que c'était vraiment la chose la plus bizarre, stupide et inutile que j'aurais pu imaginer. Pourtant, je savais que j'allais continuer de la pratiquer, et que ça allait me sauver la vie.

Alors j'ai continué.

Vingt ans plus tard, je continue de la pratiquer, et cela continue de me sauver la vie. Je l'enseigne à d'autres, et je constate qu'à eux aussi, ça leur sauve la vie.

***

Même si mon enfance et mon adolescence ont quasiment été un enfer constant (un enfer qui m'a marqué au point que, je le crains, je n'en guérirai jamais complètement), je suis reconnaissant d'avoir connu cet enfer.

Je suis reconnaissant envers cet enfer, car il a rendu ma vie insupportable. Devenu adulte, j'étais tellement traumatisé par mes expériences passées que j'étais à peine capable de vivre. Je me suis beaucoup fait souffrir, et j'ai fait souffrir les autres. Je regrette profondément le second point, mais je suis reconnaissant envers le premier.

Pourquoi quelqu'un éprouverait-il de la reconnaissance après plus de vingt ans de souffrance ?

Parce que ça m'a forcé à prendre en main mon propre bonheur.

Les choses en étaient arrivées à un point où je n'en pouvais plus. Je n'en pouvais plus de faire du mal aux autres. Je n'en pouvais plus de me faire du mal. Je n'en pouvais plus de mon moi conditionné, je n'en pouvais plus d'être seulement guidé par la peur, la haine et la colère. Je savais que je ne voulais pas vivre la vie que je vivais. Je savais que je ne voulais pas être cruel, mesquin et violent comme je l'étais alors. Pourtant, je continuais à vivre cette vie, d'être cette personne. J'étais prisonnier de cette existence et de cette personnalité. Malgré toute ma bonne volonté, je ne parvenais pas à m'en extirper.

C'est à ce moment-là que je me suis retrouvé dans le centre zen.

Suivre le chemin de Bouddha équivaut parfois à traverser les flammes de l'enfer avec une combinaison couverte d'essence. Nous sommes témoins de tout ce qui survient, des bonnes choses comme des mauvaises, sans nous cramponner au bien ni tourner le dos au mal. La plupart des gens n'osent franchir le pas, parce que leur vie n'est jamais insupportable au point qu'ils doivent prendre les choses en main. Alors, sans le zen, ils traversent leur existence dans un état d'insatisfaction constante. Ils lisent des livres, ils philosophent, ils se tournent vers des gourous – religieux ou laïques – qui leur refilent tous la même poudre de perlimpinpin. Ils se tournent vers d'autres censés les rendre heureux.

Où qu'ils recherchent le bonheur, ils ne le trouveront jamais. Ils s'enthousiasment pour le dernier amant, le dernier gourou, le dernier livre paru ou la dernière thérapie à la mode, encore et encore, puis l'effet retombe, et ils se sentent abandonnés. Ils vivent une vie de désespoir (plus ou moins) paisible, puis ils meurent, comme le disait Thoreau, sans avoir vraiment vécu.

Voilà pourquoi je suis reconnaissant envers mes parents qui ne me désiraient pas, reconnaissant envers tous ceux qui ont abusé de moi au cours de mon enfance ou de mon adolescence, reconnaissant pour tous les coups de poing ou coups de pied que j'ai encaissés, reconnaissant envers tous ceux qui m'ont craché dessus.

Ils m'ont tellement cabossé que je ne pouvais plus supporter la vie que je menais. Alors, je me suis tourné vers la pratique du zen, et il m'est arrivé quelque chose qui, visiblement, n'arrive pas à tant de monde que ça.

Je suis devenu heureux.

Ma douleur ne s'est pas évaporée. Ma peur, ma colère, tout le poison que j'avais accumulé coulait encore dans mes veines, et sera toujours en moi. Mais j'ai cessé de m'en inquiéter.

Je suis cruel, stupide, intolérant, lâche et faible. Je suis donc reconnaissant de ce cadeau qu'a été la souffrance, qui m'a forcé à prendre les choses en main pour mettre fin aux souffrances que je perpétuais, cette souffrance qui m'a conduit jusqu'au centre zen. Sans elle, je n'aurais peut-être jamais connu cette pratique qui m'a permis de voir à travers l'illusion de mon ego conditionné, pour découvrir la réalité de la personne qui avait toujours été là, la personne que j'avais toujours été : le Bouddha. Dans toute sa perfection et son entièreté.

Récemment, je me suis retrouvé à réfléchir à la question suivante : « Le zen est-il suffisant ? » Le monde du zen compte autant de personnes en colère, malheureuses ou obnubilées par leur ego que le monde de l'entreprise (voire plus, je le crains). Certaines de ces personnes pratiquent le zen depuis des décennies, mais restent toujours aussi malheureuses. À la lumière de leur cas, comment est-ce que le zen pourrait être suffisant pour être heureux ?

Il le serait si ces personnes pratiquaient véritablement le zen, ce qui n'est pas le cas. Il n'y a pas beaucoup de pratique du zen, en particulier au sein des centres zen. Il n'y a pas beaucoup de pratique religieuse, en particulier dans les églises, les temples, les monastères et les ashrams. Au lieu de le pratiquer avec sincérité, de délaisser leur point de vue égocentré, de combler le fossé imaginaire entre soi et autrui, entre le sujet et l'objet, la plupart des gens restent coincés dans leur propre petite histoire, agrippés à leur cas personnel, et ne pensent qu'à attaquer ou à se défendre. D'autres ont compris qu'il faut délaisser sa propre histoire, son égoïsme, ne pas attaquer ou se défendre : ils ont compris qu'il n'y a rien à quoi s'accrocher, personne à attaquer ni à défendre. Eux pratiquent le zen.

Pour être heureux, pour être libre, pour ne pas nuire au karma, vous devez abandonner cet état d'esprit qui cherche, qui désire et qui évite. Cela ne signifie pas que cet état d'esprit qui cherche, désire et évite va disparaître : il sera toujours là, mais il n'aura plus de pouvoir sur vous, parce que vous ne vous identifierez plus à lui. Lorsque vous recevrez ce que vous espériez, vous serez heureux et reconnaissant. Lorsque vous ne recevrez pas ce que vous espériez, vous serez heureux et reconnaissant. Pas d'attachement au paradis ni de peur de l'enfer.

Le titre de ce livre est très important : la vie *après* l'ego. Et non : la vie *sans* l'ego. Si un tel état s'avérait possible, non seulement il ne soulagerait pas notre souffrance, mais en plus, nous ne saurions pas à qui appartiennent les vêtements que nous enfilerions le matin.

L'une de mes disciples zen a écrit ceci :

> Avant de pratiquer le zen, je n'étais qu'un troll colérique, râleur, arrogant, orgueilleux, presque coupé du monde. Vu que j'étais capable de prendre soin de moi toute seule, de vivre sans l'aide ou la contribution des autres, je refusais catégoriquement de laisser quiconque s'approcher de moi. Je me consacrais seulement à soigner mon personnage froid et cassant, telle une île barricadée au milieu de l'océan de l'humanité. Vous ai-je précisé que j'étais malheureuse comme une pierre ?
>
> En vérité, je suis une hippie décontractée, bavarde et sociable, qui adore rire. Le troll colérique est toujours là, mais au lieu de le combattre et de le réprimander, je lui donne la main et je l'aime. L'ego n'est pas quelque chose qu'il faut ignorer, mais quelque chose qu'il faut reconnaître, et dont on peut apprendre beaucoup.

Moi aussi, je l'aime. Et par cet amour, je lui dédie ce livre. Puissent tous les êtres vivre heureux. Puissent tous les êtres vivre en sécurité. Puissent tous les êtres vivre en paix. Puissent tous les êtres vivre libérés de la souffrance et des causes de cette souffrance. Puissent tous les êtres s'éveiller à la lumière de leur vraie nature.

QUI CROYEZ-VOUS ÊTRE ?

La mauvaise nouvelle, c'est qu'il ne s'agit pas de vous.

La bonne nouvelle, c'est qu'il ne s'agit pas de vous.

Je croise beaucoup de gens qui réfléchissent comme cette amie qui me dit qu'elle ne se préoccupe pas de sa contraception « parce que si elle tombe enceinte, c'est que Dieu l'aura voulu ». Ou comme celui qui m'a déclaré, en réaction à la panne de sa voiture au moment de partir en voyage : « Je parie que si l'Univers ne l'avait pas fait tomber en panne, j'aurais été mordu à l'arrivée par un serpent ou une bestiole de ce genre. » Ou encore, comme cet ami qui pense que, si sa carrière de musicien ne décolle pas, c'est parce que Dieu souhaite qu'il laisse tomber et se trouve un emploi stable.

Ah, ça doit être pour ça qu'il y a tant de souffrance dans le monde, tant de guerres et tant de famines. Parce que les divinités ont trop de boulot pour s'en occuper. Dieu est trop affairé à surveiller Shelley quand elle fait la tournée des bars à Phoenix, en Arizona, afin de s'assurer qu'elle ne se fasse pas féconder par les hommes qu'elle ramène chez elle… Et lorsqu'Il ne s'occupe pas d'elle, Il se soucie de l'avenir professionnel de Dave. Tandis que l'Univers, lui, se charge de saboter la voiture de Joe pour le tenir à l'écart des destinations dangereuses.

Vous pouvez donner le nom que vous voulez à vos parents imaginaires : Dieu, l'Univers, comme vous préférez. Ici, il n'est pas question de religion, ni même de foi. Seulement de narcissisme. Il n'est question que de vous, et c'est la raison pour laquelle vous souffrez.

La bonne nouvelle, c'est que vous n'avez pas à souffrir. Vous ne pouvez pas éviter les coups durs, mais vous pouvez éviter la souffrance. Car cette souffrance n'est pas engendrée par les coups durs. Non, elle est liée au fait que vous preniez personnellement les choses. Elle est causée par votre petit ego mégalo qui veut à tout prix éviter de souffrir.

Est-ce que ce que je suis en train d'avancer vous agace ? Êtes-vous contrarié par ce que je raconte sur vous ? À moins que vous soyez en train de vous dire : *Il ne parle pas de moi !* Eh bien si, je parle de vous – parce que si c'est ce que vous êtes en train de penser, c'est que vous le prenez personnellement.

Pourtant, vous ne vous résumez pas à ça. Les pensées qui vous traversent quand vous lisez ces mots ne vous définissent pas. Lorsque vous examinerez qui vous êtes vraiment, vous découvrirez que vous êtes votre propre ami imaginaire.

Nous ne sommes pas tels que nous croyons être. Nous nous leurrons en pensant que nous avons une personnalité figée, stable, quelque chose qui nous définit, et nous sommes beaucoup à croire que nous continuerons d'exister après notre mort. Or non seulement nous ne pouvons pas exister après notre mort, mais nous n'existons même pas vraiment au cours de notre vie, du moins pas de manière figée et immuable. Chaque personne est composée d'un ensemble de phénomènes en perpétuel changement ; l'illusion de continuité est créée par la mémoire. Qui êtes-vous ? La personne que vous étiez il y a cinq ans ? Il y a dix ans ? La personne que vous serez dans cinq ou dix ans ?

Si vous restez accroché à l'idée que vous êtes réel, figé et permanent, vous pouvez avancer que vous avez les preuves de votre existence depuis de nombreuses années. Certes, mais n'importe quelle rivière que vous seriez capable de nommer a aussi une existence documentée, mais ce n'est pourtant qu'une illusion : on ne se baigne jamais deux fois dans le même fleuve. Son nom reste le même, mais l'eau qui l'alimente n'est pas la même. Elle est un flot constant, en perpétuel changement. Il en est de même pour chaque individu.

Dès notre plus jeune âge, l'illusion de l'ego est nécessaire. Nous en avons besoin pour faire valoir nos droits et poser des limites, pour être capable de dire « oui » à certaines choses et à certaines personnes, et d'opposer un « non » à d'autres choses et à d'autres personnes. D'une certaine manière, le *je* s'apparente à un véhicule : il peut vous aider à faire une partie du chemin que vous voulez parcourir, mais une partie seulement. Une voiture peut vous emmener au pied de la montagne, mais une fois là, vous devez faire un choix : soit vous restez assis dans la voiture et vous n'allez nulle part, soit vous vous mettez à marcher. La voiture ne pourra pas vous emmener au sommet de la montagne. De même, le *je*, votre ego, ne pourra pas vous emporter plus loin. Si vous ne voulez pas être bridé par votre aveuglement, cette obsession de votre petite personne, vous allez devoir abandonner votre véhicule et continuer à pied.

Ce livre, je l'espère, devrait vous aider à marcher tout seul.

Je devrai cependant me contenter de vous guider. Je ne pourrai pas marcher à votre place. Je ne pourrai rien faire à votre place, rien. Personne ne le peut, et ceux qui vous disent l'inverse vous mentent. Personne ne peut vous sauver. Personne ne peut vous rendre heureux. Bouddha n'en est pas capable. Il n'a pas pu le faire pour tous les gens qu'il a rencontrés, et il ne pourrait pas le faire pour nous s'il était encore en vie aujourd'hui. Le Christ n'en est pas capable. Il ne l'a pas fait pour ses disciples, et ils sont devenus si dépendants de lui qu'ils n'ont pas réussi à le faire pour eux-mêmes, si bien qu'ils se séparèrent à sa mort. Les Évangiles prétendent que le Christ a marché sur l'eau, qu'il a ressuscité les morts, qu'il a changé l'eau en vin… mais ils n'ont jamais proclamé qu'il avait rendu qui que ce soit heureux. En comparaison, un miracle comme celui qui consiste à ressusciter les morts paraît bien dérisoire.

Lorsque les sœurs de Lazare sont allées trouver le Christ pour lui demander de ressusciter leur frère, le Christ a exaucé leur souhait. Mais qu'est-ce que ça a résolu ? Lazare et ses sœurs devaient toujours affronter la souffrance inhérente à l'existence. Et Lazare et ses sœurs étaient toujours condamnés à mourir. Ils vivaient toujours dans la tristesse et la douleur, devaient faire face au deuil, et supporter la peur de la mort et la peur de perdre les gens qui leur étaient chers. Alors oui, ils étaient toujours vivants, mais ils n'étaient pas plus libres qu'avant.

Un jour, une femme alla se présenter à Bouddha avec un bébé mort dans les bras, et elle demanda à Bouddha de ramener son enfant à la vie. Bouddha lui expliqua que c'était impossible. La femme ne le crut pas. Elle rétorqua qu'elle savait qu'il était capable de réaliser ce prodige. Alors il lui dit que oui, c'était vrai, il avait le pouvoir de le faire – mais à une seule condition. Pour réussir un tel miracle, il avait besoin d'une graine de moutarde venue d'une maison où personne n'était jamais mort.

La femme retourna en ville pour mettre la main sur ce que Bouddha avait demandé. Elle frappa à toutes les portes, demanda à chaque fois si quelqu'un était déjà mort entre ces murs. Tous lui répondirent que de nombreux décès y avaient eu lieu. Elle finit par arrêter de frapper aux portes. Elle retourna voir Bouddha pour lui signifier qu'elle avait compris le message.

Qu'est-ce que Lazare et ses sœurs ont appris ? Qu'ont-ils gagné ? Rien, hormis un sursis temporaire pour Lazare.

Qu'est-ce que cette femme, elle, a appris de Bouddha ? Que sa joie, que son émancipation face à la souffrance ne dépendaient que d'elle. Elle a appris que ce qui lui était arrivé n'avait rien de personnel. La mort survient, parce que c'est la mort. Plutôt que de se demander, *Pourquoi moi ?*, elle pourrait tout aussi bien se demander, *Pourquoi pas moi ?*. La douleur qui l'a affectée avait également affecté tous les foyers de la ville, et personne ne pouvait rien y faire, même pas Bouddha.

Tout cela ne signifie pas que nous n'existons pas. Cela signifie seulement que nous ne sommes pas qui nous croyons, et que ce malentendu est la cause de nos souffrances.

Vous pouvez regarder quelqu'un en face, car vous n'êtes pas ce quelqu'un. Vous ne pouvez pas vous regarder en face, car vous êtes vous.

La méditation permet de contempler ses pensées, ses sentiments et ses croyances, car vous n'êtes pas vos pensées, vos sentiments ou vos croyances. Vous êtes celui qui les contemple.

CE QUE CE LIVRE NE VA PAS FAIRE POUR VOUS

En pratiquant la méditation dans votre coin, vous pourrez toucher l'illumination du bout des doigts. Mais sans le soutien d'un maître et de compagnons, cette expérience risque de ne pas vous être utile, voire d'être nuisible.

Prenons par exemple le livre très populaire d'un gourou à la mode, quelle que soit sa confession. L'auteur écrit bien, paraît intelligent et bien intentionné, mais son livre s'avère superficiel et trop centré sur lui, alors que son postulat de départ consistait justement à insister sur la nécessité de mettre de côté son ego. Même si je ne vois aucune raison de douter qu'il a connu l'expérience de ce que les bouddhistes zen appellent le *kensho* – une expérience d'éveil, d'illumination –, il ne pratique pas la méditation et n'a pas de maître, alors il n'arrive pas à en tirer parti. Vu qu'il reste attaché à son ego, ce n'est pas vraiment une expérience d'éveil, juste un autre *trip* dans sa tête. Et de là, il en tire un dogme.

Enfin, ça, c'est ma version de l'histoire. Voici la sienne…

Il raconte qu'il a été misérable pendant les trente premières années de sa vie, quand soudain, à la fin d'une nuit particulièrement infernale, il a aperçu les premières lueurs du jour à travers les rideaux, et il a senti son ego s'effondrer. Il a passé les années qui ont suivi dans un état de béatitude, sans travailler, sans entretenir de relation avec personne, sans se préoccuper de son ego. La plupart du temps, explique-t-il, il restait assis sur un banc dans un parc, et il se sentait bien.

Que se passera-t-il si vous agissez de la sorte ? Si vous traversez une expérience extatique et que vous vous cantonnez à vous asseoir dans des parcs, à savourer cette sensation ? Qu'en sera-t-il de votre famille ? De vos amis ? De vos collègues ? De quelle manière seront-il affectés par votre comportement ? Quel sens aura votre vie si jamais personne ne se demande où vous êtes ? Certaines personnes vivent de la sorte, à cause de la drogue ou de l'alcool. Lorsque l'illumination reste centrée sur vous, ce n'est pas un éveil, mais simplement une nouvelle addiction.

Après son illumination, Bouddha était persuadé que personne ne comprendrait ce qu'il avait à transmettre. Il envisagea d'abord d'errer dans la forêt et de profiter de l'éveil qu'il avait atteint – de profiter d'être le Bouddha, en fait. Mais il en fut incapable. Parce que son éveil était total. Parce qu'il avait compris que rien ne le séparait des autres êtres vivants du cosmos, il ne pouvait pas rester seul avec lui-même. Alors il décida de passer sa vie au service de tous les êtres vivants.

Bouddha n'arriva pas à cette illumination par lui-même, ou par hasard. Il s'était entraîné pendant des années avec plusieurs maîtres, avant de cheminer tout seul et de s'éveiller à sa nature (la nature de tous les êtres et de tous les phénomènes), sous l'arbre de la bodhi. Son éveil fut le résultat d'un entraînement appliqué.

Si l'on fait l'expérience du *kensho* sans y être entraîné, donc sans contexte ni compréhension, il est facile de s'attacher à cette seule expérience et d'en conclure que l'on a compris quelque chose – pour, ensuite, enseigner cette illusion à d'autres gens. Celui qui s'assoit sur un banc dans un détachement béat n'est pas si différent de celui qui conduit fièrement sur l'autoroute sa voiture hors de prix : ils sont tous deux matérialistes et égocentriques, confondent l'aveuglement et l'illumination, rêvent qu'ils sont éveillés alors qu'ils dorment profondément.

Nous avons besoin de maîtres et de compagnons pour nous tirer de ce rêve. Parfois, nous avons besoin d'être réveillés par un murmure ou une caresse, d'autres fois par un cri ou en se faisant énergiquement secouer, mais toujours avec une profonde compassion.

ARRIVONS-EN LÀ OÙ VOUS EN ÊTES

« *Prendre comme elle vient la catastrophe*
au moment de la catastrophe,
Prendre comme elle vient la maladie
au moment de la maladie,
Prendre comme elle vient la mort
au moment de mourir. »

Ryokan

« *N'optez pas pour l'explication du lâche*
Qui se cache derrière les causes et les effets. »

Leonard Cohen

Peu de gens sont vraiment heureux.

Souvent, lorsque je pose la question « Est-ce que vous êtes heureux ? », mes interlocuteurs me répondent en me racontant à quel point leur vie est belle, en prenant seulement en compte les biens matériels qu'ils possèdent, ou ce qu'ils ont accompli aux yeux des autres, ou ce qui leur fait plaisir dans l'existence. Lorsque je répète ma question « D'accord, mais est-ce que vous êtes heureux ? », ils me répondent généralement que non. D'ailleurs, la plupart du temps, je n'ai même pas à poser la question, ce n'est même pas la peine.

Nous sommes bien trop nombreux à passer notre vie à accumuler et à rechercher le plaisir, en le confondant avec le bonheur. Alors que plaisir et bonheur ne sont pas liés. Le plaisir et la satisfaction ne sont que les facettes agréables de la souffrance et de l'insatisfaction. Dès l'instant où vous obtenez ce que vous désiriez – un emploi, une relation ou autre – vous commencez à vous demander comment vous allez réussir à le conserver, et à avoir peur de le perdre. Dès que vous vous sentez satisfait, vous cherchez à conserver cet état, et vous redoutez de le perdre – autant dire que vous l'avez donc immédiatement perdu. Le plaisir s'avère être une souffrance, quand la satisfaction cache en fait la frustration et la peur.

La première noble vérité de Bouddha se traduit souvent par : la souffrance existe. Mais le mot pali pour la souffrance, *dukkha*, a un sens bien plus riche. *Dukkha* évoque une insatisfaction omniprésente, un sentiment sous-jacent de manque permanent.

Qu'est-ce qui nous manque ? La paix. Le bonheur. Nous ressentons ce manque, même lorsque nous allons supposément bien. Dans la quête de ce qui nous manque, nous risquons d'opter pour des solutions stupides, lâches et addictives : la drogue, les relations de co-dépendance, bref, tout ce qui nous permettra d'éviter de nous retrouver face à nous-mêmes. Les gens vivent une existence de perpétuelles distractions (je suis chaque jour ébahi de voir à quel point les conversations ou les blogs tournent autour de ce qu'ils ont regardé à la télé), une vie de fantômes, occupés à nourrir leur ego avide et insatiable.

Ils pensent, « Je serai heureux lorsque... ». Lorsqu'ils déménageront dans une autre ville. Lorsqu'ils changeront de boulot. Lorsqu'ils seront mariés. Lorsqu'ils auront divorcé. Lorsqu'ils auront perdu du poids. Lorsqu'ils auront pris du poids. Lorsqu'ils auront écrit un livre. Lorsqu'ils seront riches. Lorsque...

Et quand le *lorsque* survient enfin, lorsqu'ils obtiennent ce qu'ils espéraient, ils ne sont toujours pas en paix. Alors ils reportent leurs attentes sur l'obsession suivante.

Lorsque vous vous trouvez à un endroit, mais que vous espérez être ailleurs, alors vous ne vivez nulle part. Vous ne vivez même pas du tout, à moins de faire attention à ce qui vous entoure. Si vous n'êtes pas capable d'être heureux en enfer, vous ne pourrez pas non plus être heureux au paradis.

Une fois, j'ai dû conduire de Phoenix à Tucson, un trajet d'à peu près cent cinquante kilomètres. Je devais aller retrouver une femme à Tucson. Nous n'avions pas encore couché ensemble, et j'avais très envie d'elle. Alors vous pouvez imaginer dans quel état j'étais quand, à mi-chemin entre les deux villes, je me suis retrouvé coincé dans des embouteillages.

Une demi-heure plus tard, je n'avais pas avancé d'un pouce. J'ai attrapé mon portable pour appeler un de mes amis à Tucson et lui demander d'aller voir sur Internet ce qui se passait. Il m'expliqua qu'il y avait eu un accident, et que le trafic n'était pas censé reprendre avant 23 heures. Il était environ 19 heures passées, et la femme m'attendait à Tucson moins d'une heure après.

Je l'ai appelée pour lui raconter ce qui se passait. Elle a compati, et m'a annoncé qu'elle m'attendrait quand même chez elle, même tard, mais qu'elle comprendrait si, lorsque le trafic reprendrait, je décidais de prendre la première sortie pour rentrer à Phoenix. Je lui ai répondu que j'avais envie de la voir, et que je ne comptais pas faire demi-tour.

Une autre heure s'est écoulée au milieu des centaines de voitures arrêtées sur l'autoroute, qui ne pouvaient ni avancer ni reculer. Il n'y avait aucun danger à être coincé là : j'avais de l'eau dans la voiture, et j'étais entouré de centaines d'autres conducteurs. Je ne risquais même pas de m'ennuyer : j'avais pris avec moi des livres et des magazines, ainsi que mon téléphone.

Le trafic a repris, alors j'ai passé un coup de fil à mon hôtesse pour lui annoncer que je repartais. Quelques minutes plus tard, la circulation s'est arrêtée à nouveau, et tout le monde a éteint son moteur. J'ai asséné des grands coups à mon volant, en hurlant ma fureur : « Journée de merde ! »

Soudain, j'ai pris conscience de ce qui était en train de se passer. J'ai éclaté de rire.

Dans le fond, le moment que je passais ne méritait pas d'être qualifié de « merde ». Si j'avais été un touriste qui visitait l'Arizona, j'aurais sans doute considéré ce moment comme le climax de mon voyage : une magnifique nuit dans le désert, une brise chaude et sèche, le soleil qui disparaissait, supplanté par les étoiles qui étincelaient. Même les files de voitures dégageaient une beauté étrange. Le pire, c'est que même en cherchant la raison de ma contrariété, je m'avérais incapable de la trouver.

Parce qu'elle ne résidait pas dans ce bouchon. Elle était dans mon esprit, et nulle part ailleurs.

J'étais contrarié par mon incapacité à faire attention au moment présent (assis dans ma voiture sur l'autoroute, dans le désert de Sonora, au coucher du soleil), trop occupé à le comparer à l'endroit où j'aurais aimé être (au lit avec ma copine de Tucson). Lorsque j'ai arrêté de faire des comparaisons et de me dire que je préférais un endroit à l'autre, ma contrariété s'est envolée. Je n'étais plus coincé dans les limbes. J'étais juste là où j'étais, et en soi, c'était parfait. J'étais heureux, et je savais que quoi qui m'attende ensuite, je ne pourrais être ni plus malheureux, ni plus heureux.

Plus tard cette nuit-là, arrivé à Tucson, je me suis endormi dans les bras de celle qui m'avait attendu. C'était aussi agréable que je l'avais imaginé – elle était magnifique, je ressentais beaucoup de choses pour elle, et faire l'amour avec elle avait été grandiose – et pourtant, même lors de ces instants merveilleux, je n'étais pas plus heureux que je l'avais été quand j'étais coincé dans ma voiture.

L'éveil ne consiste pas en un état altéré, ou en un ailleurs. C'est l'expérience de l'immédiateté de la vie, telle qu'elle est. Aucun endroit, aucune situation ne nous rendra heureux ou malheureux. C'est nous qui apportons notre bonheur ou notre tristesse dans un endroit ou une situation.

Trop de personnes se sentent seules dans des relations aliénées, car elles ne connaissent jamais la personne avec laquelle elles sont en couple. Constamment à la recherche de quelqu'un qui va les sauver, qui va les rendre heureuses, qui va leur apporter la paix et la satisfaction, elles se bercent d'illusions romantiques et idéalisées à chacune de leurs rencontres, et se révèlent trop occupées à projeter leurs fantasmes narcissiques sur l'autre pour faire l'effort d'apprendre à le connaître vraiment. Du coup, lorsque l'autre s'avère différent du fantasme que l'on en avait – « lorsqu'il devient réel », comme disait un de mes amis qui agissait de la sorte –, on sombre dans la colère et la déception, et l'on se reporte sur le fantasme suivant, en abandonnant sans explication la personne que l'on fréquentait.

Notre société encourage le narcissisme enfantin. Regardez par exemple les vœux de mariage. Ils sont, par définition, impossibles à tenir, parce qu'ils sous-entendent une permanence des choses qui n'existe pas dans notre monde où rien n'est permanent. S'engager pour la vie, c'est être dupe ou malhonnête, puisque jour après jour, instant après instant, tout change. Il n'est pas question d'avancer qu'un couple ne pourrait pas, ou ne devrait pas rester solide toute la vie, mais qu'il ne sera plus le même que lorsque ses deux membres ont proclamé leurs vœux de mariage, et que leurs sentiments ne seront plus les mêmes.

Comme je le disais une fois à l'un de mes frères moine, lorsque les gens me demandent si je pratiquerai le zen pour le reste de ma vie, leur répondre par l'affirmative sous-entendrait que je ne suis pas en train de pratiquer le zen : puisque rien n'est immobile et que mon *je* n'est ni constant ni permanent, je ne peux pas avancer que je pratiquerai le zen toute ma vie. Même si je ne peux pas m'imaginer arrêter de le faire, la seule réponse honnête à cette question reste : « Je ne sais pas. » Car tout est changement.

Aussi longtemps que l'on recherchera la permanence et la sécurité, nous serons coincés dans le *dukkha*. Aussi longtemps que l'on confondra l'amour et l'attachement, nos relations amoureuses ne resteront que des fictions. Lorsque vous pensez que votre bonheur dépend d'une autre personne, vous vous y raccrochez ; or lorsque vous vous raccrochez à quelqu'un ou à quelque chose, vous essayez de le contrôler. La véritable intimité consiste à laisser aller et à ne pas savoir, à expérimenter sans savoir, et à se sentir à l'aise avec le fait de ne pas savoir.

La chose que cherchent les gens, ce qui leur manque, est déjà là. C'est notre propre nature, parfaite et illuminée, et si nous pratiquons le zen et que nous trouvons le point d'équilibre, assis dans une conscience lucide, nous pouvons en faire l'expérience. Nous sommes alors en mesure de comprendre que l'absence de paix découle de notre croyance en un mirage : l'ego, ce fantôme affamé que nous passons notre vie à essayer de nourrir.

Regardez au-delà de votre ego, le bonheur sera toujours là. Il était là avant que vous naissiez. Il sera encore là après votre mort. Il vient de nulle part, et il ne va nulle part. Il n'a pas été créé, et il ne peut être détruit. Il peut être atteint ; il peut être ignoré – or la plupart d'entre nous l'ignorent.

RIEN QUE DE LA SOUFFRANCE

Au Centre zen The Sitting Frog, nous terminons nos cérémonies avec ce chant :

Coincé dans un rêve narcissique,
rien que de la souffrance.
Agrippé à ses pensées narcissiques,
toujours au milieu d'un rêve.
À chaque instant, la vie, telle qu'elle est,
est notre seul maître.
Vivre dans le présent, c'est le chemin
de la compassion.

Vous remarquerez que dans le premier vers, les circonstances ne sont pas précisées. Ce n'est pas « Coincé dans un rêve narcissique, vous n'avez pas ce que vous voulez, alors vous ne faites que souffrir ». C'est simplement, « Coincé dans un rêve narcissique, rien que de la souffrance ».

Les circonstances n'ont pas d'importance. Du moment que l'on ne pense qu'à soi, peu importe ce qui se passe, tout n'est que souffrance. Ne pas obtenir ce que l'on désire – rien que de la souffrance. Obtenir un peu de ce que l'on désire – rien que de la souffrance. Obtenir tout ce que l'on désire – rien que de la souffrance.

Lorsque nous n'obtenons pas ce que nous désirons, l'avidité nous fera souffrir tant que l'on ne l'aura pas obtenu. Lorsque nous obtenons ce que nous désirons, c'est la peur de le perdre qui nous fait souffrir. Lorsque nous sommes admirés, nous souffrons de nous accrocher à cette fierté, et nous avons peur de perdre cette admiration que nous désirons tant. Lorsque nous sommes méprisés, nous souffrons de la honte et nous rêvons d'admiration.

Le désir de ne plus être égocentrique est également un désir égocentrique.

Alors, comment faire pour y parvenir ?

Quand on dort et que l'on fait un cauchemar, et que l'on se rend compte que c'était seulement un rêve, peu importe à quel point cette vision était terrifiante. De la même manière, regardons ce qui est en train de se passer, sans croire que cela a quelque chose à voir avec nous. Lorsque surviennent des désirs ou des réactions égocentrées, contentez-vous de les remarquer. « Et ensuite ? » me demandent souvent les gens. Ensuite, rien. Laissez-les être, sans les réfréner ni les embrasser. Regardez-les simplement comme ce qu'ils sont.

Est-ce que ça n'a pas l'air simple et facile ? Essayez, et vous vous rendrez compte que c'est la chose la plus difficile que vous ayez jamais eu à faire – mais aussi la plus belle, et la plus libératrice. Vous allez avoir l'impression de renaître, encore et encore.

ÔTEZ VOTRE EGO DE VOTRE CHEMIN

« *Pour arriver là où vous êtes,*
pour partir d'où vous n'êtes pas,
vous devez passer par une voie
où il n'est pas d'extase[1]. »

T.S. Eliot

Obtenir ce que vous désirez ne vous rendra pas heureux. Ne pas obtenir ce que vous désirez ne vous rendra pas malheureux. La première situation n'est pas meilleure que la seconde. Elles sont simplement différentes.

Un après-midi que je me trouvais au restaurant avec un ami, il m'a déclaré qu'il s'inquiétait pour moi. Quelques semaines plus tôt, je m'étais séparé d'une femme que j'aimais profondément, et avec qui je croyais passer le reste de ma vie. Je savais que j'avais

1. T.S. Eliot, *Quatre Quatuors*, traduction de l'anglais par Pierre Leyris, Le Seuil.

pris la bonne décision, mais ça ne la rendait pas moins douloureuse. Mon ami m'expliqua qu'il craignait que je sois en état de choc ou de déni, parce que je ne lui paraissais pas différent de d'habitude.

« Je me demande si c'est parce que tu n'as pas encore réalisé, a-t-il lancé. Je veux dire, là, tu as l'air heureux.

— Oh si, j'ai réalisé, ai-je répondu. Je traverse la plus grande peine de ma vie adulte. Je n'aurais jamais pu imaginer qu'une telle tristesse puisse exister. Mais tu as raison : je suis heureux. »

Cela n'avait rien de paradoxal. Ce n'était rien que du zen. Je ne pouvais pas échapper à la tristesse, évidemment, mais notre souffrance n'est pas causée par notre peine ; elle est le fruit de l'agissement de notre ego, et des histoires que l'on se raconte sur la tristesse. Tout tient en une phrase, qui affirmerait que ne pas obtenir ce que l'on veut est mal et nous rendrait malheureux, et qu'obtenir ce que l'on veut est bien, car cela nous rendrait heureux.

Votre bonheur ne dépend que de vous.

J'aurais sans doute pu être très malheureux au sortir de cette relation, si je m'étais raconté des histoires, si j'avais essayé de fuir la douleur, ou de nier la réalité de cette relation destructrice, et qu'il fallait que j'y mette fin. J'aurais pu être malheureux si je m'étais vu comme une victime ou un martyr, le cœur brisé, tourmenté par la vie. J'aurais très bien pu être malheureux si j'avais comparé ma vie avec celle d'un autre, que j'aurais enviée.

Mais je ne l'ai pas fait. Ainsi, même si je traversais une douleur émotionnelle atroce, je ne souffrais pas.

La douleur n'est qu'un fait, comme la météo ou la couleur de l'herbe. Et le fait que cette douleur existe n'a rien à voir avec mon bonheur.

Je ne suis pas plus fort que les autres. Je ne suis pas plus courageux, ni plus malin. Je ne possède pas de vertus particulières qui me permettraient d'être épargné par la souffrance. C'est le fruit d'années passées à observer mes pensées et mes sentiments aller et venir, à contempler avec une compassion détachée leur nature fugace. Lorsque ma relation prit fin, il y eut une période pendant laquelle je pleurais tous les jours, et j'avais si mal que, parfois, j'ai même hurlé. Mais ce faisant, je continuais de me poser la question : « Qui est-ce qui me fait si mal ? » Bien sûr, lorsque je cherchais cette personne, je ne la trouvais nulle part. Ne subsistait qu'une nuée d'émotions et de névroses qui passaient et se transformaient sans cesse. Je ne cherchais pas à échapper à la peine, mais je ne l'accueillais pas non plus à bras ouverts. Je l'observais avec attention, respect et compassion, sans la juger. Alors elle vint, et repartit, et revint, et repartit…

Comme tout le monde, j'ai énormément de peine et de tristesse en moi. Mais je suis tout le temps heureux, et ma vie est pleine de joie et de moments d'émerveillement. Ce n'est pas une question de chance ou de malchance, mais parce que je suis attentif aux choses, et que je sais que m'attacher à ce que je désire, c'est tomber dans le panneau de l'illusion.

Nous confondons plaisir et bonheur. Les livres, les films, la télé et les chansons populaires nous répètent que pour être heureux, il faut obtenir ce que l'on veut.

Si nous sommes un peu attentifs pourtant, nous nous rendons vite compte que c'est une erreur. Le plaisir et la satisfaction ne sont que les facettes agréables de la souffrance et de l'insatisfaction. À peine avez-vous obtenu ce que vous espériez – que ce soit un emploi, une relation amoureuse ou autre – que vous avez peur de le perdre et que vous vous inquiétez de trouver le moyen de le conserver. À peine êtes-vous satisfait qu'il faut s'inquiéter de trouver le moyen de conserver cet état – et le voilà donc déjà perdu. Le plaisir se révèle être une souffrance, et la satisfaction ouvre la voie à la peur et la frustration.

Ce n'est pas par hasard que les films s'achèvent quand le héros a gagné le cœur d'une femme, a remporté le championnat du monde, ou gravi le sommet de la montagne. Si l'on regardait le reste de sa vie, on s'apercevrait qu'il n'est pas plus heureux qu'avant.

Nous avons le choix. Nous pouvons faire des choses pour nous-mêmes, nous enfermer dans la prison de l'ego, coupés du monde, coupés de l'univers entier – et donc souffrir. Ou bien nous pouvons laisser tomber l'illusion du *je*, se lier d'intimité avec une myriade de choses, en accordant une attention particulière à ce qu'elles sont vraiment – et notre bonheur sera alors absolu. Nous n'éprouverons pas moins de douleur ou de tristesse ni moins de plaisir ou d'euphorie, mais nous serons capables de les considérer comme ce qu'ils sont, de les ressentir lorsqu'ils surviennent, sans s'y attacher, et à les observer tandis qu'ils passent.

Même une chanteuse aussi obsédée par elle-même que Joni Mitchell a compris que la souffrance est engendrée par notre illusion du *je* : « Tu sais que je te déteste un peu, je te déteste un peu, je t'aime un peu/ Oh, je t'aime quand je m'oublie. »

Lorsque vous êtes persuadé que votre bonheur est dans les mains de quelqu'un d'autre, ou qu'il est lié à certaines circonstances, vous vous y accrochez. Et lorsque vous vous accrochez à quelque chose, vous essayez de le contrôler. Lorsque vous vivez avec quelqu'un sans vous accrocher à lui, vous partagez non pas moins, mais plus d'intimité, car vous n'êtes plus séparés.

Certains font l'erreur de penser que mettre de côté l'ego, oublier de ne penser qu'à soi-même, signifie qu'il faut d'abord penser aux autres. Mais cela reviendrait exactement au même que lorsque vous pensiez d'abord à vous : votre pensée resterait coupée en deux. L'antidote à la souffrance est la compassion, et la compassion, par nature, n'est ni discriminante ni spécifique. Voir le monde à travers le prisme du *je* ou des autres participe à la même illusion. Je ne suis pas vous, et vous n'êtes pas moi, mais nous sommes la même chose. Donc nous ne pouvons pas éprouver de la compassion pour l'un et pas pour l'autre.

Vous êtes déjà là où vous êtes censé vous trouver, et vous avez déjà tout ce dont vous avez besoin. Parce que vous êtes déjà la personne que vous avez toujours voulu être.

SE LIRE COMME UNE CARTE

En Écosse, j'avais l'habitude de faire de la randonnée avec un ami. C'était un passionné de cartes. Je lui racontais que les cartes ne m'avaient jamais empêché de me perdre. Il me répondit : « C'est parce que tu t'attends à ce que la carte te montre où tu dois aller, alors que ce n'est pas la fonction d'une carte. Ce qu'elle fait, c'est qu'elle te montre où tu te trouves. »

Je n'avais pas compris ce qu'il avait voulu me dire, mais plus de vingt ans après, je crois avoir enfin compris que savoir quelle route on veut emprunter n'est pas la même chose que savoir où l'on se trouve. Nous savons peut-être où nous essayons d'aller, mais nous savons rarement où nous sommes.

Quasiment toutes nos pensées naissent de comparaisons : on compare notre façon de faire avec celle que l'on perçoit chez l'autre, on compare notre vie avec ce qu'elle fut dans le passé, on la compare avec ce que nous espérons pour l'avenir, on la compare avec ce que l'on aurait aimé qu'elle soit. Nous nous comparons, qui et comment nous sommes, avec ce que nous aurions aimé être ou ce que nous pensons avoir pu être, ou nous nous comparons aux autres. Nous ne lisons pas la carte intelligemment, donc nous sommes perdus.

Et si nous arrêtions de penser à l'endroit où nous devrions être, et si l'on se contentait de lire la carte ? Si on la laissait nous montrer où nous nous trouvons en ce moment ? Sommes-nous capables de lire cette information pour ce qu'elle est ? Et si nous regardions qui nous sommes, comment nous sommes, et dans quelle situation nous nous trouvons, sans point de comparaison, et sans se raconter d'histoires ? On comprendrait peut-être que l'on a déjà tout ce dont on a besoin. Si nous constations ce qui est, plutôt que de regretter ce qui n'est pas ; si nous observions qui nous sommes, et non qui nous ne sommes pas, cela serait intéressant, et merveilleux, et certainement parfait, car nous découvririons où nous sommes. Et nous ne serions plus perdus.

TOUTES LES RELATIONS ÉCHOUENT

« *Tu me rends heureux de bout en bout,*
À la manière du soleil qui éclaire le ciel. »

Wendy Cope

« *Les relations ne fonctionnent jamais…*
On n'a jamais connu une relation
qui fonctionnait. »

Charlotte Joko Beck

Dans une chanson de Jackson Browne, le narrateur déclare qu'il est « coincé entre l'envie d'être amoureux et l'envie de gagner de l'argent ». Cette chanson, comme la plupart des soi-disant chansons d'amour, est à côté de la plaque. L'envie d'être amoureux et l'envie d'avoir de l'argent reviennent au même. Ce sont deux désirs matérialistes.

Nous espérons que les biens matériels vont nous rendre heureux, mais ce n'est jamais le cas. Nous espérons que nos relations amoureuses vont nous rendre heureux, mais ce n'est jamais le cas. C'est impossible, parce que le désir égoïste de bonheur personnel ou de salut personnel est précisément ce qui nous empêche d'être heureux. Les relations sont opportunistes par nature.

Repensez à toutes ces « histoires d'amour » que vous avez lues ou vues sur grand et petit écran. En avez-vous déjà trouvé une seule dans laquelle deux personnes se rencontrent, tombent amoureuses, et tout est bien qui finit bien ? Non, évidemment. Non seulement il n'y aurait aucune histoire à raconter, mais en plus, cela n'est jamais arrivé, et n'arrivera jamais dans aucun couple. Toutes les histoires d'amour, que ce soit des comédies ou des drames, suivent la même recette : deux personnes se rencontrent, tout est merveilleux, quand soudain quelque chose se passe mal. L'un se met en colère contre l'autre, qui doit trouver le moyen de recoller les morceaux. Une fois le problème résolu, l'histoire se termine, en général sur un baiser.

Il vaut mieux que l'histoire se termine là, parce que sinon, elle serait condamnée à se répéter encore et encore. Si l'un des partenaires se fâche avec l'autre, c'est parce qu'ils ne tirent pas dans le même sens. L'un n'agit pas comme le veut l'autre, donc leur relation ne leur procure pas le plaisir qu'elle leur procurait auparavant. C'est ce plaisir que nous confondons avec le bonheur.

Toutes les relations sont vouées à l'échec. Certaines échouent en se terminant sur une séparation, là où d'autres échouent en embourbant les deux partenaires dans une longue vie de tristesse. C'est vrai des relations conjugales, des relations de travail, des relations politiques, des relations entre communautés, des relations entre frères et sœurs, des relations entre parents et enfants, ou entre amis. Toutes les relations échouent.

Elles échouent car elles reposent sur ce qu'une personne, ou un groupe, attend de l'autre. La relation n'est qu'une séparation : il y a moi d'un côté, et de l'autre, une personne, une chose ou une expérience qui me fait me sentir bien. S'il s'agit d'une personne, les mots « Je t'aime » peuvent être utilisés. Mais on peut aussi déclarer, « J'aime le rhum » ou « J'aime le steak » ou « J'aime la cocaïne ». Que l'objet de ce « j'aime » soit une personne, une boisson, de la nourriture ou de la drogue, ce que l'on veut dire, c'est que nous aimons le sentiment agréable que nous éprouvons. Mais dès que nous cessons de ressentir ce plaisir, notre amour se transforme en frustration, en colère ou en indifférence. Parce que dans le fond, ça n'a jamais été de l'amour.

Je ne suis pas en train de vous dire de rompre avec votre partenairc, dc couper les ponts avec votre famille, vos amis, vos collègues, et d'aller vivre en ermite dans une grotte au milieu de nulle part. Si l'on agit de la sorte, on sera de toute façon toujours en relation – avec soi-même, et avec la grotte. Et notre vision du monde sera toujours aussi égocentrée.

Un amour véritable, un bonheur authentique, ne naît pas d'une relation, mais d'une union. L'union de l'un avec l'autre, de sorte qu'on ne pense plus et qu'on n'éprouve plus en termes de soi d'un côté, et des autres en face. Union avec ce que nous faisons, de sorte qu'on ne pense plus à nous en train de faire d'un côté, et à ce que l'on est en train dc faire de l'autre.

On peut le voir dans l'exercice du *koan*[1]. Si on nous demande par exemple : « Qu'est-ce qui demeure en dehors de l'existence et de la non-existence ? », et qu'on essaie d'y réfléchir, qu'on essaie de trouver la réponse, on va s'éloigner de plus en plus de ce que l'on aurait pu y comprendre. C'est seulement quand on arrête de se creuser la tête sur le *koan* qu'on abandonne toute relation avec le *koan*, et que l'on devient en fait le *koan*, que l'on en saisit le sens.

La vie est un *koan*. Les gens que l'on aime, les gens que l'on n'aime pas, les gens que l'on trouve intéressants, les gens que l'on trouve ennuyeux, tout est *koan*. Lorsque l'on s'enferme dans une relation, dans une vision binaire du monde, on souffre. Lorsque l'on s'extirpe d'une relation pour lui préférer l'union, nous embrassons la compréhension, la compassion et l'amour.

---

1. Les *koans* sont des questions qui paraissent insolubles à l'esprit rigide et cartésien (exemple : « Quel visage avais-tu avant la naissance de tes parents ? »). Mais posées sincèrement, elles vous guident vers votre propre cœur et vous mettent face à vous-même. (Note de l'auteur)

L'ANTIDOTE À LA HAINE

Certains prétendent que l'amour est l'antidote à la colère et à la haine. Je crains que ce ne soit pas si simple, car le monde est avant tout vide de sens.

Vous pouvez dire que vous aimez quelqu'un. Vous pouvez aussi affirmer que vous aimez la montagne, ou la musique, les livres, les films. Vous pouvez même déclarer que vous aimez les cookies. Toutes ces déclarations sont sans doute sincères, mais elles ne signifient pas la même chose pour autant.

De fait, si l'amour s'avère aussi compliqué à définir, difficile d'y voir l'antidote à la colère et à la haine. En revanche, un certain type d'« amour » peut facilement, et très rapidement, se muer en haine : l'amour romantique, sans doute l'état le plus égocentrique, parce qu'il n'est question que de vous, et non de la personne que vous prétendez aimer. Ce qui compte, c'est comment elle vous fait vous sentir, ce que vous désirez d'elle, ce que vous espérez d'elle. Et lorsque vos attentes sont déçues, la colère monte, et la haine supplante l'amour, car l'amour-attachement n'est finalement pas différent de la haine. Tous deux sont une émanation de la passion.

Non, ce n'est pas l'amour qui nous libérera de la colère et de la haine, mais la compassion. Sans compassion, il est possible d'être cruel même avec les gens qu'on aime ; grâce à la compassion, la cruauté devient impossible, puisque la compassion comble le fossé qui nous sépare des autres personnes, des autres choses, du monde qui nous entoure, de l'univers tout entier.

J'ai connu une femme qui disait me détester. Elle avait probablement de bonnes raisons de le faire. Nous aurions préféré ne plus jamais nous revoir, mais les circonstances en avaient décidé autrement. La haine qu'elle me portait n'était pas réciproque, je ne lui voulais que du bien, mais je réagissais souvent avec colère à ses agressions.

Lorsque je sentais la colère s'emparer de moi, je repensais à la fois où j'avais dû l'emmener à l'hôpital. Je me rappelais à quel point elle était fragile et mal en point. Je me rappelais qu'elle avait pleuré quand je l'avais laissée là-bas, et que je pleurais aussi dans la voiture qui m'emportait loin de là, parce que j'étais – et je suis toujours – aussi fragile et mal en point qu'elle l'était. En revoyant son visage à l'hôpital, toute ma colère s'évaporait, et je voulais seulement son bonheur.

Ce n'était pas de l'amour. Pas de la pitié non plus, qui n'est jamais que du mépris déguisé. C'était de la compassion, la reconnaissance de la souffrance de tous les êtres vivants, mais aussi la reconnaissance du fait que l'hostilité qu'elle manifestait envers moi via son petit ego induit en erreur, tout comme la réaction de colère de mon petit ego induit en erreur, étaient déplacées.

La compassion n'a rien à voir avec l'ego. La compassion n'attend rien en retour, n'espère pas de résultats. De fait, elle ne cherche pas à prendre le contrôle des autres, vu qu'elle gomme l'idée de séparation avec un autre qu'il faudrait contrôler.

PAS DE TRANSFORMATION

Comment transformer les Trois Poisons (l'avidité, la colère et l'ignorance) en Trois Vertus (la compassion, la sagesse et l'illumination) ?

La réponse est simple : c'est impossible. Il n'y a rien à transformer. Les Trois Poisons et les Trois Vertus sont identiques. Qu'elles soient des poisons ou des vertus ne tient qu'à une condition : que vous les viviez à travers un esprit éveillé, ou que vous les perceviez à travers le brouillard de votre ego.

Lorsque vous regardez les choses comme elles sont, au lieu de vous raconter une histoire centrée sur vous-même, l'avidité n'est plus de l'avidité, mais de la compassion, la colère s'avère être la sagesse, et l'ignorance l'illumination. Remarquez bien que je ne dis pas que les poisons deviennent des vertus : je dis simplement que ce *sont* des vertus, qui ont toujours été des vertus, et que c'est seulement notre vision égocentrée qui les déforme. L'ego est la maladie qui empêche de voir clairement. Débarrassez-vous de votre histoire, et vous verrez les choses telles qu'elles sont.

Sans ego, l'avidité est compassion, qui souhaite que tous les êtres aillent bien. Sans ego, la colère est sagesse, l'épée du sage bodhisattva Manjushri qui tranche le voile de l'illusion et du mensonge. Sans ego, l'ignorance est illumination, les yeux limpides de Bouddha qui sait qu'il ne faut rien ignorer et qu'il ne faut se couper de rien, lui qui est parfait et complet, et fait naturellement l'expérience de cette entièreté et de cette perfection sans conscience de soi, vu qu'il n'y a pas de soi dont on devrait être conscient.

Pourquoi si peu de personnes font-elles l'expérience de cette clarté, pourquoi sont-elles si peu à expérimenter le bouddha qui est en elles ? Parce que nous rechignons à délaisser notre histoire. Nous passons parfois des années, des décennies même, à pratiquer un soi-disant bouddhisme, mais nous nous mentons à nous-mêmes, et nous mentons aux autres. Ce que l'on espère, c'est que le bouddhisme nous rende meilleurs, nous améliore, nous illumine.

Ce désir d'éveil ou d'illumination n'est pas différent de celui d'avoir de l'argent, de devenir célèbre, ou de toute autre envie matérialiste. C'est notre petit ego chouineur qui exige ceci et rejette cela.

C'est une histoire sur vous, sur votre parcours, vos objectifs, vos désirs, et sur ce que vous ne voulez pas. Lorsque vous n'avez pas ce que vous voulez, vous êtes malheureux. Et lorsque vous obtenez ce que vous désiriez, vous êtes malheureux puisque vous avez peur de le perdre – et bien sûr que vous allez le perdre, car les choses changent immanquablement.

L'histoire que nous nous racontons à nous-mêmes est une histoire tragique, qui se termine toujours de la même manière.

LE BATEAU VIDE

Il existe une histoire zen à propos d'un homme qui repeint son bateau. Une fois la rénovation achevée, fier du résultat, il décide d'aller faire un tour avec sur le lac malgré le temps brumeux. Tandis qu'il vogue dans le brouillard, un autre bateau surgit et l'emboutit. Toute la peinture qu'il venait de terminer est abîmée.

L'homme est furieux. Pourquoi est-ce que le pilote de l'autre bateau n'a pas fait attention, pourquoi n'a-t-il pas regardé où il allait ? L'homme se tourne pour houspiller l'imprudent, mais il n'y a personne. Il a face à lui un bateau vide qui dérivait sur le lac.

Dans le fond, le bateau est toujours vide, même quand quelqu'un le dirige. Cela ne vaut jamais la peine de s'énerver contre quelqu'un. Même si la personne qui conduit l'autre bateau vous a embouti volontairement, son comportement n'a rien à voir avec vous. Quand les autres agissent, ils ont leurs propres raisons d'agir de la sorte – raisons que, très souvent, ils ne connaissent pas eux-mêmes. Lorsque l'on regarde la vie telle qu'elle est, plutôt que de se contenter de ce qu'on pense de la vie, on se rend compte que l'on passe son temps à se chercher un ennemi, quelqu'un à haïr, quelqu'un à blâmer. Or il n'y a personne. Seulement un bateau vide flottant sur un lac embrumé.

SE SENTIR CHEZ SOI EN ENFER

Quelqu'un force un nourrisson d'un mois à boire de l'acide. Face à ce drame, la tristesse que nous ressentons pour ce bébé se mue en colère sourde contre la personne qui a agi de la sorte. Or la colère, la haine, et tout le poison de l'ego, sont justement ce qui permet aux êtres humains de faire quelque chose d'aussi monstrueux.

Lorsque nous ressentons de la pitié, nous sommes déjà en train de nous couper de la souffrance du bébé, car la pitié est une réaction égocentrée, comme la colère ou la haine. Lorsque nous avons de telles réactions, nous le faisons pour nous-mêmes, pour notre moi dissocié du monde.

Que pouvons-nous faire, dans ce monde terrifiant ? Réagir avec compassion, plutôt que par pitié. Être présent face à l'horreur, dans un détachement plein de compassion. Faire preuve de détachement ne veut pas dire qu'il ne faut rien ressentir, ou ne pas être attentif aux autres : simplement, il ne faut pas prendre les choses personnellement. Vivre pleinement l'enfer, et comprendre qu'une telle horreur se produira sans cesse, aussi longtemps que les gens s'attacheront à leur ego et se croieront séparés des autres êtres vivants.

Bien que ce soit difficile d'agir autrement, si nous nous autorisons à haïr la personne qui a mal agi, nous validons sa cruauté et, en la haïssant, nous jetons de l'essence sur la flamme de notre propre cruauté, et donc la cruauté continue de se répandre. L'horreur ne cessera que lorsque la haine aura été remplacée par la compassion. Qui préféreriez-vous être : le bébé dont le corps est affreusement mutilé, ou la personne qui a fait une telle chose à un bébé ?

LE KARMA N'EST PAS UN SALAUD

Je connais une femme qui, à chaque fois que quelque chose de grave arrive à quelqu'un dont elle n'aime pas le comportement, s'exclame : « Salaud de karma ! »

Dans la Chine du VIe siècle, l'empereur Wu avait bâti un temple bouddhiste et soutenait financièrement les moines. Il pensait que ça l'aiderait à gagner des points pour son karma, alors il demanda à Bodhidharma, le premier patriarche du zen, ce que le mérite de ses actions allait lui apporter.

« Rien », lui répondit Bodhidharma.

L'empereur n'apprécia pas cette réponse. « Dans ce cas, quel est le sens du dharma de Bouddha ?

— Un vaste vide, rien de sacré, répondit Bodhidharma

— Alors qui es-tu ? insista l'empereur.

— Celui qui ne sait pas », dit Bodhidharma.

Nombreux sont ceux qui viennent à la pratique bouddhiste, mais qui aiment se mettre en avant et adorent parler du karma, du leur comme de celui des autres.

Pour un esprit conditionné à croire en une autorité toute-puissante, le karma se résume à un système de bons points et de mauvais points : fais quelque chose de mal, et la divinité te punira ; fais quelque chose de bien, et la divinité te récompensera.

C'est ce que les psychiatres appellent la « pensée magique ». Ce n'est pas le karma.

Voici la loi du karma : chaque action a une conséquence. C'est l'action en tant que telle qui est appelée karma, et la conséquence est appelée *vipaka*.

Ce qui vous arrive est le résultat de quelque chose qui s'est passé avant. Si vous sautez par la fenêtre du dernier étage (karma), vous risquez fort de vous écrabouiller sur le trottoir en bas (*vipaka*). Ce n'est pas parce que quelqu'un ou quelque chose vous punit d'avoir sauté par la fenêtre ; c'est plutôt que votre atterrissage sur le trottoir est le résultat de votre chute qui, elle, est le résultat de votre saut par la fenêtre. Quant à votre décision de sauter par la fenêtre, elle est la conséquence d'un karma et d'un *vipaka* antérieurs.

Cause et conséquence, et non punition et récompense.

Il est pourtant courant d'entendre les gens raconter que c'est à cause de son « karma » qu'untel vit dans un pays pauvre, a une maladie débilitante, ou subit tel ou tel malheur. Cela illustre un manque de compréhension et un manque de compassion.

Ces gens-là utilisent le mot *karma* comme un parapluie qui recouvre toutes les causes et toutes les conséquences, sans distinguer ce qui relève du hasard, et ce qui relève du choix volontaire. Or le karma n'est qu'un des cinq *niyamas* : il y a aussi le dharma (les lois de la nature), l'*irthu* (les changements de saison et du climat), le *biija* (l'héritage génétique), et le *chitta* (la volonté de l'esprit).

Certaines choses sont donc dictées par nos choix. Le karma et le *chitta* dépendent de nous. Parfois, c'est la faute du karma, et d'autre fois, c'est juste la faute à pas de chance.

LE KARMA DE LA SOLITUDE

La plupart des prières ne sont pas des prières, mais des lettres au Père Noël dignes d'un enfant qui dresse la liste de ses cadeaux. Que vous croyiez en un dieu ou en un pouvoir supérieur, quel que soit le nom que vous lui donnez, s'il devient un lieu ou une personnalité séparée à laquelle votre ego envoie ses prières, vous glissez dans le narcissisme, ce qui arrive très souvent dans le bouddhisme, comme dans les autres religions.

Le narcissique chrétien croit que « Dieu a un plan pour moi ». Le narcissique new age croit la même chose, mais remplace « dieu » par « le destin » ou « l'univers ». Quant au narcissique qui s'est tourné vers la pratique du zen, il la considère comme un moyen de s'aider et de s'améliorer, sans se rendre compte que c'est son ego qui est à l'origine de tous ses problèmes qui nécessitent aide et amélioration.

Ce qui est triste, et ironique, avec le narcissisme, c'est qu'il mène toujours, sans exception, à la solitude. Que l'on parle de pratique religieuse, spirituelle, ou de relations personnelles, le narcissique engendre sa propre solitude. Car lorsque vous essayez d'attirer l'attention de Dieu, de l'univers ou de quelqu'un d'autre, vous les voyez comme séparés de vous, et vous vous retrouvez donc dans une situation d'aliénation.

Dans la religion, si Dieu est un autre être existentiel auquel vous vous adressez, c'est que par définition, vous êtes séparé de Dieu.

Si vous êtes gouverné par le destin ou l'univers, alors vous êtes coupé du destin, et vous ne faites pas partie de l'univers.

Si vous cherchez l'attention et l'admiration d'autres personnes, que vous essayez de contrôler ou de manipuler d'autres personnes, alors vous vous considérez comme séparé de ces personnes.

C'est le karma de la solitude. Si vous agissez seulement en pensant à vous, alors il n'y a plus que vous qui comptez. Or s'il n'y a plus que vous, c'est que vous êtes seul.

Lorsque vous arrêtez de vous mettre tout le temps au centre de votre histoire, il devient évident que vous n'êtes pas séparé de ce qui vous entoure – Dieu, l'univers, votre tasse de thé ou les toilettes. Rien n'existe indépendamment de vous, rien n'existe qui soit séparé de vous, et d'ailleurs, il n'y a pas de vous.

Bodhidharma, le premier patriarche du zen, était assis dans une grotte, face à un mur, lorsque Huiko apparut et lui demanda de devenir son maître. D'après certains récits, Bodhidharma l'ignora au point que Huiko, pour prouver sa détermination, se coupa le bras à l'aide d'une hache.

Bodhidharma accepta finalement de prodiguer ses enseignements à Huiko, et lui demanda quel était son problème.

« Mon esprit ne trouve pas la paix, expliqua Huiko.

— Apporte-moi ton esprit et je lui donnerai la paix, dit Bodhidharma.

— Je ne parviens pas trouver mon esprit, répondit Huiko après avoir réfléchi.

— Et voilà, je lui ai donné la paix. »

Comme tout le monde, lorsqu'il se lance dans la pratique religieuse, Huiko cherche son propre salut. Il désire quelque chose qu'il pense ne pas avoir : la paix de l'esprit. En le faisant réfléchir à la recherche de son esprit, Bodhidharma crée une diversion qui le détourne de son histoire autocentrée. Ainsi, incapable de trouver son esprit, Huiko ne retrouve plus non plus sa souffrance.

Quelle que soit la religion que vous suivez (zen, christianisme, qu'importe), aussi longtemps que vous en ferez une quête personnelle, aussi longtemps que vous chercherez à en retirer quelque chose pour vous, aussi longtemps que tout tournera autour de vous, vous ne trouverez pas la paix. Le salut personnel n'existe pas, parce que le salut et l'égocentrisme sont inconciliables. Lorsque vous êtes capable de faire un pas de côté pour sortir de votre prisme égoïste et voir ce qui se passe vraiment, alors survient le salut, qui a toujours été à portée de main.

PERSONNE NE NAÎT, DONC PERSONNE NE VA RENAÎTRE

« *Ce qui renaît, ce sont nos habitudes.*
L'illumination marque
la fin de la renaissance, ce qui signifie
une absence totale d'attachement
et d'identification à toutes les pensées,
sentiments, perceptions,
sensations physiques et idées. »

Le dalaï-lama

« *Les profanes imaginent, en général,*
que les bouddhistes croient à la réincarnation
de l'âme, voire à la métempsycose.
C'est là une erreur. Ce que le bouddhisme
enseigne, c'est que l'énergie produite
par l'activité mentale et physique d'un être
cause l'apparition de nouveaux phénomènes
mentaux et physiques après que cet être
a été dissous par la mort. »

Alexandra David-Neel

« La bûche devient cendre et ne redevient pas bûche. Malgré cela, ne croyez pas que la cendre est le futur et la bûche le passé. Il vous faut bien comprendre que la bûche subsiste dans l'expression phénoménale de bûche, qui contient la totalité du passé et du futur, et est indépendante du passé et du futur. La cendre subsiste dans l'expression phénoménale de la cendre, qui contient la totalité du futur et du passé. Comme la bûche, qui ne redevient pas bûche une fois qu'elle est devenue cendre, vous ne reviendrez pas à la vie après la mort. »

Dôgen

Très souvent, quand les gens apprennent que je suis un moine bouddhiste zen, leur premier réflexe consiste à me poser des questions sur la réincarnation. J'ai rencontré des gens qui se proclamaient bouddhistes dont la seule motivation était d'éviter une réincarnation déplaisante, exactement comme les chrétiens qui essaient d'éviter d'aller en enfer.

Je n'ai rien à dire pour aider ces gens, parce que je ne crois pas en la réincarnation.

Bouddha lui-même ne croit pas en la réincarnation.

La renaissance n'est pas la réincarnation.

Et le bouddhisme ne consiste pas à croire en des choses.

L'idée que notre existence est figée et permanente, et que notre corps n'est qu'un vêtement dont on peut se débarrasser n'est qu'une croyance magique primitive. Un conte de fées composé pour réconforter les egos enfantins et apeurés, à l'exact opposé du dharma bouddhiste.

Bouddha a enseigné l'*anatta* : le soi n'existe pas. Rien ne se réincarne, puisque, pour commencer, rien n'est incarné. Rien ne va, rien ne vient, tout n'est que changement. Qui donc se réincarnerait ? La personne que nous sommes cette année ? Celle que l'on sera l'année prochaine ? Celle que l'on était l'an dernier ? Nous n'existerons pas dans une autre enveloppe, vu que nous n'existons pas dans notre corps actuel. Nous sommes un ensemble de phénomènes en mouvement constant, et la seule chose qui nous donne un sens de la permanence, c'est notre mémoire, enregistrée par le cerveau. Ce qui nous transmet la peur de la mort, et notre désir d'une vie après la mort, c'est l'attachement névrotique de notre ego à croire en sa propre existence.

Nous ne venons pas, nous ne partons pas. Nous ne sommes pas nés, et nous ne mourons pas.

Nous pensons que nous sommes créés, et qu'une fois créés nous vivons pour toujours. La seconde partie de cette phrase est vraie. La seule chose qui commence et qui finit c'est ce *je* artificiel, l'ego, qui finit tout simplement parce qu'il n'existe pas. Ce n'est qu'une histoire que l'on se raconte, et comme toutes les histoires, l'ego a une fin.

Il y a une tasse sur la table où je suis en train d'écrire. J'appelle ça une tasse parce qu'elle a la forme d'une tasse et que j'y bois mon thé. Si je la lâche et qu'elle se casse contre le sol, est-ce que ce sera toujours une tasse ? Une tasse brisée ? Des morceaux de tasse ? Si j'en broie les morceaux en miettes, jusqu'à en faire une poudre qui se disperse dans le vent, où est passée la tasse ? Ce n'est plus une tasse, parce que la tasse a été fabriquée puis détruite – mais ce à partir de quoi elle a été créée ne peut pas être détruit. Cette tasse n'est pas sortie de nulle part, et elle ne disparaît pas. Elle n'est pas née, et elle ne meurt pas. Pendant un temps, elle avait une forme que l'on qualifie de tasse. Pendant un temps, nous prenons forme humaine. Mais même cette forme est en perpétuel changement.

Notre forme humaine est seulement la forme que nous prenons pendant un certain temps. L'univers se manifeste sous cette forme, puis sous une autre forme. C'est pour cela que nous sommes l'univers tout entier. Non pas un morceau de l'univers, mais l'univers tout entier. Il n'est pas autour de nous, il n'est pas en nous. Il n'y a pas d'extérieur et d'intérieur ; pas de centre ni de périphérie.

Une tasse est créée, puis elle est détruite. Un individu naît, puis il meurt. Entre la naissance et la mort, plusieurs sois naissent et meurent. Mais ces choses sont créées par et à partir de ce qui n'est pas encore né, éternel et absolu – ce que nous sommes réellement.

Nous sommes le matériau de l'univers. Cela peut sembler terrifiant, du point de vue de l'ego. Mais il suffit d'arrêter de s'accrocher à notre ego, ce qui revient à arrêter de s'accrocher à un quelconque point de vue, et nous n'avons plus rien à craindre ni personne.

Quand est-ce que vous êtes né ? Quand est-ce que votre vie a commencé ? Est-ce que c'était dans le ventre de votre mère ? Ou la veille ? Lorsque le sperme de votre père a fécondé l'ovule de votre mère ? Est-ce que tout a commencé à la naissance, ou lorsque vos parents vous ont conçu ? À moins que l'origine ne remonte à vos grands-parents ? Aux leurs ? Qui étiez-vous alors ?

Lorsque c'est mon anniversaire, je me rappelle que ce n'est pas vraiment l'anniversaire de ma naissance, mais plutôt le début d'une histoire. La « naissance » d'un ensemble de phénomènes passagers que l'on nomme commodément « Dogo Barry Graham ».

Personne n'est né en ce jour de 1966, mais ce jour-là, une partie du matériau de l'univers a formé un être dont l'existence est depuis documentée. Où est ce nourrisson, désormais ? Où est le fœtus qui l'a précédé ? Où sont le sperme et l'ovule qui l'ont précédé ? Et avant ? Quant au bébé, au gamin et au jeune homme, ces formes sous lesquelles il est re-né, où se trouvent-ils ? Tous morts, tous nés à nouveau sous la forme de l'homme qui écrit ces lignes, un homme qui peut encore renaître et renaître, ou non, jusqu'à ce qu'il « meure » (ce qui peut arriver dès cet instant, ou non). Alors les atomes qui le forment se sépareront pour former autre chose – qui n'est pas autre chose ni quelqu'un d'autre.

Ce qui me compose n'a pas été créé et ne peut pas être détruit. Vous étiez donc présent lorsque le soleil a pris feu, et lorsque la première explosion a engendré l'univers.

Tout est votre mère. Tout est votre père, votre frère, votre sœur, votre ami, votre enfant. La moindre personne, le moindre animal, la moindre montagne, le moindre nuage, la moindre étoile. Tout, sensible ou insensible, est ce que nous avons été, et ce que nous serons.

TOUTES LES CROYANCES SONT FAUSSES : DISCUSSION SUIVIE D'UN DÉBAT

Non seulement la plupart d'entre nous estiment que le libre arbitre existe, mais en plus, ils croient en jouir. J'aimerais prendre un instant pour parler de ce que Joko Beck appelle les convictions profondes – moi je les appelle tout simplement des croyances. Toutes les croyances sont fausses. Il n'y a pas de vraies croyances et de fausses croyances. Une croyance, par définition, est fausse. Les croyances ne sont que des histoires qu'on se raconte.

Le problème, c'est que beaucoup d'entre nous restent persuadés d'avoir le contrôle de leur vie. Même ceux qui pratiquent la méditation continuent parfois d'être convaincus, au fond d'eux, qu'ils dirigent leur vie. Qu'ils ont une emprise sur elle.

Pour comprendre ce qui vous guide, il vous faut complètement lâcher prise. Or personne n'ose le faire sans raison, à moins de vraiment toucher le fond. Et même dans ce cas, que se passerait-il ? Lorsque vous touchez le fond, vous vous laissez aller juste assez pour redécoller un peu du fond, puis vous reprenez vos mauvaises habitudes, vous replongez dans vos vieilles croyances et dans les histoires que vous vous racontez.

J'ai récemment travaillé avec une amie qui entretenait une relation terriblement malsaine avec sa mère. Quand elle était petite, sa mère la traitait mal, la battait violemment, et elle est depuis restée en état de choc post-traumatique. Il n'y a pas longtemps, elle a dû s'occuper de sa grand-mère qui souffrait de la maladie d'Alzheimer. Or sa mère et un autre membre de sa famille voulaient mettre la grand-mère sous leur tutelle, afin de récupérer l'héritage. Alors ils l'ont envoyée en maison de retraite. Ils se sont débarrassés de son chien juste pour lui faire du mal. Bref, ils se sont comportés de manière vraiment cruelle, avec une méchanceté crasse.

Mon amie a donc décidé, et c'est compréhensible, de couper les ponts avec sa mère. Je lui ai demandé comment elle se sentait. D'abord, elle m'a répondu : « En colère. » Puis, en affinant un peu, elle a précisé : « Amère. » Elle ne se sentait plus liée à sa mère, d'aucune manière. Je lui ai demandé : « Est-ce que tu veux toujours qu'elle soit ta mère ? » Elle n'avait jamais vraiment été sa mère. « Est-ce que c'est ça qui te fait avancer ? Est-ce que c'est ce qui te fait du mal ? Est-ce que c'est ce qui te met en colère ? » Elle répondit : « Non, pas du tout. Je ne veux pas qu'elle soit ma mère. Elle ne l'a jamais été. Je n'ai jamais eu de mère. »

Elle avait compris que sa mère était malade, qu'elle avait un problème pathologique, et elle n'était plus attachée à elle : en tout cas, c'était sa conviction profonde. Elle ne voulait évidemment pas que cette femme soit sa mère. Elle n'était plus attachée à elle, du moins c'est ce qu'elle affirmait, au point que c'était devenu une de ces fameuses convictions profondes. Quelque chose qu'arrivée à ce point de la vie – elle était au début de la trentaine – elle croyait aveuglément, de la même façon qu'on s'attend à ce que l'eau coule du robinet. C'est une conviction profonde que nous avons tous : lorsque l'on tourne la poignée du robinet, il va en jaillir de l'eau. Elle était certaine de ne plus avoir le moindre attachement sentimental, quel qu'il soit, pour sa mère. Avoir une mère ne lui manquait pas. J'ai insisté : « Je pense que tu devrais regarder à quoi tu t'accroches. Tu dois identifier ta conviction profonde. »

En lui disant ça, je lui ai demandé si elle savait que Bill Clinton, l'ancien président des États-Unis, avait fait exécuter un déficient mental lorsqu'il était gouverneur de l'Arkansas, juste pour prouver sa détermination à combattre le crime. « Est-ce que tu aurais aimé faire quelque chose contre ça ?

— Oui, répondit-elle logiquement.

— Est-ce que tu aurais aimé modifier la loi pour que de telles choses n'arrivent pas ?

— Oui.

— Très bien. Et est-ce que tu aurais aimé te confronter à Bill Clinton pour réussir à lui faire prendre conscience de ce qu'il avait fait ?

— Pas du tout.

— Parce que tu n'as pas de lien personnel avec Bill Clinton. Il n'a pas d'importance à tes yeux. Tu veux simplement que ces choses-là n'arrivent pas. Mais qu'est-ce que tu attends de ta mère ?

— Je veux qu'elle prenne conscience de ce qu'elle a fait. Elle a toujours nié s'être comportée de la sorte. »

Sur ma demande, elle a réfléchi à ça. J'ai repris : « Continue d'y réfléchir. Qu'est-ce que tu veux ? À quoi es-tu attachée ? À quoi est-ce que tu te raccroches ? »

C'est le lendemain qu'elle m'a donné la réponse. Elle s'était rendu compte que même en s'éloignant de sa mère, même en affirmant qu'elle ne voulait rien avoir à faire avec elle, que tout était terminé et qu'elle ne voulait plus en entendre parler, elle espérait toujours avoir tort, et voulait encore que sa mère se comporte comme une mère. C'est dans le fond ce qu'elle espérait, en voulant que sa mère prenne conscience de ce qu'elle avait fait.

Prenne conscience de quoi ?

« Qu'elle m'a battue. Qu'elle m'a fait ceci. Qu'elle m'a fait cela.

— Oui, mais qu'est-ce que cela induit ? La reconnaissance de quoi ? Est-ce que ça signifie que tu attends quelque chose d'elle ? Je vois un attachement, ici. »

Tant que nous sommes attachés, nous ne sommes pas libres. Nous ne contrôlons pas notre propre existence. On croit le faire, mais c'est faux. C'est pourquoi, aussi douloureux et effrayant que ce soit pour tout le monde, je ne cesse d'insister sur ce besoin de lâcher prise. Tant que vous ne le ferez pas, votre conditionnement vous mènera par le bout du nez. Vous n'aurez aucun libre arbitre. Et je ne suis pas en train d'exagérer : je ne dis pas que ce conditionnement nuit à votre libre arbitre, non, je dis bien que vous n'avez aucun libre arbitre. Tant que vous vous accrocherez à quelque chose, même la décision d'aller faire des courses ne sera pas la vôtre. Vous croyez prendre cette décision, mais ce n'est pas le cas. Ce n'est qu'une réaction qui découle de votre conditionnement, comme tout le reste.

Cela signifie-t-il pour autant qu'il faut que vous deveniez nihiliste ? Que vous vous comportiez comme si plus rien n'avait d'importance ? Non, au contraire. Le nihilisme lui-même serait une tentative de donner du sens à votre souffrance. Nous avons toujours tendance à nous agripper à notre propre souffrance : « Je pourrais aussi bien faire n'importe quoi. Vivre dans l'autodestruction, puisque rien n'a d'importance. » Mais ce serait surtout un moyen d'éviter de voir les choses en face.

Je suis toujours profondément ému de voir des gens pratiquer le zen : c'est vraiment la chose la plus difficile à accomplir. Il ne suffit pas d'enfiler des fringues japonaises et de s'asseoir sur un coussin en ânonnant des chants. Quand on regarde le taux de réussite de la pratique du zen, les chiffres paraissent très faibles – ça représente quelque chose comme 2 %, notamment à cause des nombreuses personnes qui viennent aux réunions sans pratiquer les exercices. Plusieurs de mes amis qui sont passés par là m'ont affirmé que si on pratique sincèrement, ça marche à chaque fois. Taux de réussite : 100 %.

Tous ceux qui pratiquent le zen connaîtront l'éveil. Tous. Il n'est jamais, jamais arrivé que quelqu'un ait pratiqué le zen sans trouver l'éveil. Ce n'est pas possible. Pourtant, combien de personnes éclairées rencontrez-vous dans un centre zen ? Si vous voulez vraiment rencontrer des gens qui n'ont pas connu l'illumination, allez voir dans les centres zen. Si vous voulez rencontrer les personnes parmi les moins éclairées que vous pourriez rencontrer, jetez un œil dans un monastère zen, et trouvez quelqu'un qui y est depuis trente ans. Ce sont des caricatures de l'illusion et du samsara[1]. Même si je le dis sur le ton de la rigolade, je ne suis pas en train de me moquer de ces gens.

Nous souffrons tous terriblement.

La vérité, c'est que lorsqu'on en vient à pratiquer le zen, on n'a pas franchement envie de s'y mettre. On ne tient pas à lâcher prise. On se dit toujours qu'on va se contenter de piocher dans le zen pour y prendre ce qui nous intéresse : certains d'entre nous aiment les tenues qu'on doit porter ; d'autres apprécient les chants ; la plupart d'entre nous adorent les livres de méditation.

C'est vrai que lire sur le sujet est toujours agréable. Lire l'histoire de Suzuki Roshi par exemple, qui

---

1. Le samsara est le mot bouddhiste qui désigne une vie de souffrance causée par l'attachement à l'ego. C'est l'inverse du nirvana. (*Note de l'auteur.*)

pensait qu'il souffrait d'une hépatite, alors qu'il avait l'habitude de manger de la glace au chocolat avec l'une de ses disciples. Le médecin lui avait expliqué qu'à cause de son hépatite, il n'avait plus le droit de manger de glace. Mais il découvrit bientôt que c'était en fait un cancer du foie qui avait proliféré dans son organisme, et qu'il n'y avait plus d'espoir. Alors il expliqua à son disciple : « On vient de m'annoncer une excellente nouvelle. Je n'ai pas d'hépatite. J'ai un cancer du foie. Je vais mourir.

— Et en quoi est-ce une excellente nouvelle ? demanda le disciple.

— Oh, mais puisque je n'ai pas d'hépatite, je peux à nouveau manger de la glace au chocolat. »

Oui, on apprécie ce genre d'histoires. On aime les lire, pas vrai ? C'est inspirant. Le type ne souffre pas. Il ne s'inquiète même pas quand on lui annonce qu'il va mourir. Lire ces récits dans son lit, avec une tasse de thé, bien au chaud chez soi, c'est amusant, plaisant.

Ce que l'on n'aime pas, en revanche, c'est faire ce que faisait Suzuki Roshi, ce que faisait Joko, et ce que doit faire quiconque a atteint cet état : lâcher prise de tout ce qui pourrait l'attacher pour ne pas souffrir. Lâcher prise de tout, pour ne pas être triste. C'est la raison pour laquelle les plus beaux cadeaux que l'on reçoit sont l'humiliation, la déception, le chagrin et la peur – et la pire chose qui puisse arriver à qui que ce soit, c'est d'obtenir ce qu'il voulait.

L'amie dont je parlais tout à l'heure pratique à l'évidence le zen de cette manière, sans lâcher prise. Même si ça me faisait beaucoup de peine de la voir dans une telle souffrance, quelque chose aurait été encore pire, quelque chose que j'aurais détesté voir – réfléchissez, dans la situation que je viens de décrire, quelle est la pire chose qui aurait pu lui arriver ?

LE DISCIPLE : Que la mère reconnaisse ses torts.

DOGO : Exactement. Qu'elle ait ce qu'elle désire. La pire chose qui pourrait lui arriver, ce serait que sa mère lui dise, « D'accord, d'accord, je l'admets. Je t'ai menti toutes ces années. Je te présente mes excuses pour tout ce que je t'ai fait. Je suis désolée de t'avoir menti toutes ces années. Je reconnais m'être mal comportée avec toi. C'est vrai. Je l'ai fait. Voilà, tu l'as, ta prise de conscience. »

Pourquoi serait-ce une si mauvaise chose ? Parce qu'ensuite, quoi ? Vous pensez qu'elle sera plus heureuse ? Elle aurait enfin ce qu'elle voulait, ce à quoi elle se raccrochait. Elle se disait que quand elle l'obtiendrait, elle serait heureuse, les choses seraient réglées. Mais une fois que vous avez ce que vous vouliez, qu'est-ce que ça change ? Rien. La mère reconnaît ses torts, et comment est-ce que vous y réagissez ? « Super, maman, toute la souffrance s'est envolée désormais » ? Non. Ce sera plutôt : « Très bien, alors maintenant, répare ma souffrance. Et tu oublies aussi de parler de ceci et de cela. Et pourquoi tu l'as fait ? Et imagine si tu ne l'avais pas fait ? Et donne-moi ci, et donne-moi ça. » Dès que l'on nous donne ce que l'on désirait, on en veut encore plus, et on a peur de perdre ce que l'on vient juste de gagner. C'est la raison pour laquelle nous refuser ce que l'on désire est la chose la plus bienveillante que la vie puisse faire pour nous.

Mais même en comprenant cela – et certains d'entre vous ont sans doute pratiqué le zen depuis assez longtemps pour percevoir que c'est plus que de la théorie –, sincèrement, est-ce que quelqu'un peut déclarer que même en comprenant la vérité du lâcher-prise, il se sent plus détendu ? « Très bien… ne pas avoir ce que je désire… Être dans une souffrance terrible… Mes plus grandes peurs qui se réalisent… Ahhh que c'est bon. » Bien sûr que non. Il y a toujours quelque chose en vous qui résiste. « Je veux. Je veux. Je veux. Moi. Moi. Moi. »

Un jour, on a demandé au maître de zen Wei Wu Wei : « Pourquoi souffre-t-on ? » Il a répondu : « Parce que 99,9 % de tout ce à quoi vous pensez et de tout ce que vous faites tourne autour de votre ego, alors qu'il n'existe pas. » C'est pour cela que je ne cesse de vous répéter que vous êtes votre propre ami imaginaire. Nous nous racontons cette histoire, et nous vivons avec. Et après, nous nous étonnons de souffrir.

Ce sont vraiment nos convictions profondes qui nous guident. Parmi les gens que je rencontre, les gens qui sont le plus dans l'erreur sont ceux qui – allez, devinez, à votre avis, quelle est la conviction profonde la plus trompeuse ?

RÉPONSE : Que l'on n'a pas de conviction profonde !

Vous devez pratiquer énormément, pendant longtemps, pour travailler à vous défaire, vous défaire, vous défaire de vos habitudes. À lâcher prise, lâcher prise, lâcher prise, afin de parvenir à surmonter vos convictions profondes. Est-ce que cela signifiera pour autant que ces pensées ne reviendront jamais ? Franchement, si vous espérez vraiment un jour vous débarrasser des pensées négatives, addictives ou compulsives, vous feriez mieux de vous tirer tout de suite une balle dans la tête, et de détruire votre cerveau – et encore, je ne suis pas certain que ça l'arrêterait. Rien ne l'arrêtera. Tant que ce bout de viande flottera dans votre crâne, il continuera de penser et d'émettre des pensées de ce genre. C'est sa raison d'être. Et il n'y a pas de mal à ça. Il n'y a absolument rien de mal à avoir des pensées, même les plus négatives.

Si les convictions profondes qui vous font vous sentir comme un moins que rien ne sont pas mauvaises, alors qu'est-ce qui est mauvais ? Il n'y a aucun problème à avoir des pensées qui vous soufflent que vous ne valez rien. Alors où se situe le problème ? Quel est le problème qui découle de cette pensée ? Vous pensez que vous ne valez rien. Cette pensée est inoffensive. Alors quel est le problème ?

LE DISCIPLE : Réagir à cette pensée.

DOGO : Et pourquoi réagiriez-vous à cette pensée ?

LE DISCIPLE : Parce que j'y croirais.

DOGO : Donc le problème ne réside pas dans la pensée elle-même. Le problème réside dans le fait de *croire* à cette pensée.

Nous développons une addiction à ces pensées. Elles s'avèrent réconfortantes. Même nos pensées les plus négatives sont incroyablement réconfortantes, car elles nous permettent de rejeter la faute sur les autres. Mieux encore, les convictions profondes les plus réconfortantes sont celles qui nous permettent de rejeter la faute sur nous-mêmes. Meilleure excuse du monde : « Ce n'est pas ma faute. Je suis un imbécile. Je suis nul, j'y peux rien, donc ce n'est pas ma faute, si ? C'est juste que je suis un raté. »

Si vous tenez vraiment à tourner en rond, si vous voulez vous engluer le plus possible dans l'illusion, si vous voulez vraiment être malheureux, je peux vous aider (dans le fond, je suis un type serviable, alors je vais vous donner la recette pour réussir une vie catastrophique). Voici le meilleur moyen de détruire complètement votre vie, la façon la plus efficace de mettre la pagaille dans votre existence : essayez de ne pas avoir de pensées négatives. Essayez de ne plus avoir de convictions profondes. Enfouissez-les. Plaquez un sourire sur votre visage. Soyez heureux. Soyez positif. N'envisagez plus jamais les choses d'un point de vue négatif. Si vous pensez de la sorte, vous finirez soit enfermé à double tour derrière les murs d'un asile, soit dans le couloir de la mort après avoir pété les plombs et ouvert le feu sur la foule.

Le meilleur moyen de se mettre en colère, c'est d'essayer de ne pas se mettre en colère.

Comment est-ce que vous vous sentez quand quelqu'un vous dit : « Allez, calme-toi, ne te mets pas en colère. » Vous êtes absolument furieux, pas vrai ? « Ne me dis pas de ne pas me mettre en colère. Qui es-tu pour me dire ça, bordel ? Je ne suis pas en colère. Je ne supporte pas que tu dises que je me mets en colère, bon sang ! »

Or, si vous ne tenez pas à réagir de la sorte, qu'est-ce que vous allez faire ? Survient alors une pensée négative, prête à blâmer, à juger, à vous mettre en colère. À vous de vous dire : « Bon, ce n'est qu'une pensée négative, prête à blâmer, à juger, à me mettre en colère. »

Mais qu'est-ce que cette pensée va vous rétorquer ?

« Non, je ne suis pas qu'une pensée. J'ai raison. Je suis la vérité.

— Non, tu n'es qu'une pensée.

— Non, je suis une pensée véritable. Une croyance vraie.

— Alors pardon de te couper, mais tu n'es pas une croyance vraie. Aucune croyance n'est vraie.

— Certes, toutes les autres croyances sont fausses, mais moi je suis vraie. Je suis la vérité. »

C'est ce que vous risquez de croire si vous êtes en colère. Sur le moment, vous pensez toujours avoir raison. Comme l'ivrogne qui s'apprête à prendre le volant. « Mais on t'a déjà retiré 5 points pour conduite en état d'ivresse !

— Oui, cette fois-là j'étais saoul, mais aujourd'hui je ne le suis pas du tout. »

Idem pour la colère. « Bon, je l'ai regretté toutes les autres fois, mais cette fois, j'ai raison. Cette fois, je ne suis pas en train de surréagir. » C'est une conviction profonde. Lorsque vous essayez de bannir les convictions profondes, vous les renforcez. Vous les remplacez par d'autres convictions profondes.

Il existe une croyance très enracinée dans les centres zen : penser qu'il ne faut jamais se mettre en colère, qu'il ne faut pas être négatif, qu'il faut être aimable. Je ne veux pas que les membres de cette sangha (communauté) soient sympas. Et je vous promets que je ne serai jamais sympa avec vous. Je serai bienveillant, toujours. Mais je ne serai pas sympa. Les gens sympas sont les plus vindicatifs, les plus énervés, les plus haineux que j'aie jamais rencontrés. Réfléchissez : est-ce que vous arrivez à nommer une seule personne sympa en laquelle vous ayez vraiment confiance ? Qui ne vous ferait pas peur si elle se tenait derrière vous un couteau à la main ? Voilà ce qu'être sympa vous apporte. Nous avons toujours cette conviction profonde : « Je devrais être sympa, je ne devrais pas avoir de réactions négatives, je devrais juste me coller un sourire béat sur le visage, enfiler ma robe et marcher en saluant tout le monde. »

Pour se débarrasser des croyances, il ne faut pas se mettre à *croire* qu'il ne faut pas avoir de croyances, mais simplement percevoir les croyances pour ce qu'elles sont. Des croyances. C'est tout bête. Une histoire négative survient ? Ce n'est qu'une fiction, une croyance. Une histoire positive survient ? Ce n'est qu'une fiction, une croyance. Prenez-en conscience. Ne l'accueillez pas à bras ouverts. Ne la combattez pas non plus. Si vous voulez comprendre ce qui vous guide, ce qui guide vraiment votre vie, posez-vous la question : Qu'est-ce que c'est que ça ? À quoi est-ce que je me raccroche ?

Il y a une phrase de mon ex-femme que je cite souvent parce qu'elle est très drôle. Mais ce qui la rend drôle, c'est qu'elle est absolument juste. Je lui envoyais un jour : « Pourquoi est-ce qu'il faut que tu sois à ce point une emmerdeuse ? » Et elle m'avait rétorqué :

« Pourquoi es-tu à ce point accroché à l'idée que je ne devrais pas être une emmerdeuse ? » Évidemment, elle se foutait de moi, mais je me suis dit qu'en fait, elle avait raison. Ce qui me rendait fou, ce n'était pas tant la manière dont elle se comportait que ma croyance qu'elle aurait dû se comporter différemment.

Vous pigez le truc des convictions profondes ? « Les choses ne devraient pas se passer comme elles se passent. Elles devraient se passer de la façon dont je voudrais qu'elles se passent. » Y a-t-il déjà eu un moment, même une seule seconde de votre vie, où vous avez regardé le monde et décidé de la façon dont vous voudriez qu'il tourne, et alors le monde vous a remercié, puis il vous a obéi ? Ça m'étonnerait.

Bref, lorsque vous réagissez de manière négative, que vous êtes en colère face à ce qui vous arrive, lorsque vous souffrez, quel que soit le nom que vous attribuez à cette réaction, laissez tomber ce nom et posez-vous la question : Qu'est-ce que c'est ? Quelle conviction profonde est en jeu ici ? Qu'est-ce que je désire ? À quoi suis-je en train de me raccrocher ?

C'est comme lorsque mon amie déclare : « Ma mère m'importe peu, mais je suis pleine d'amertume. » D'accord, mais qu'est-ce que tu veux ? Qu'est-ce que tu n'as pas obtenu, qui te rend si amère ?

« Je veux qu'elle prenne conscience de ce qu'elle a fait. »

Pourquoi ? Qu'est-ce que ça changerait ? Ce n'est pas vraiment ce que tu veux. Ce n'est qu'une manifestation de ce que tu veux – « Je veux que tu prennes conscience… » Qu'est-ce que ça signifie ? Pourquoi est-ce que tu veux que ta mère prenne conscience de ce qu'elle a fait, alors que tu te moques que le président Clinton, lui, le fasse ? Ce n'est pas cette reconnaissance qui t'importe. C'est qu'il y a derrière quelque chose d'autre, que tu veux obtenir de cette personne. Qu'est-ce que c'est ?

« Je veux qu'elle soit ma mère. Je veux sentir qu'elle m'aime. »

Lorsque vous comprenez votre conviction profonde, elle ne s'évapore pas pour autant, mais elle cesse de vous mener par le bout du nez. Vous ne tournez plus en rond. Vous vivez vraiment votre vie. Lorsque vous prenez une décision, elle est influencée par un cœur éveillé, et non pas marquée par une réaction conditionnée dont vous n'avez même pas conscience.

Bon, on s'est un peu appesantis sur ce sujet. Quelqu'un a des questions ?

J'ajouterai pour finir, à destination de ceux qui m'écoutent pour la première fois, ce que je dis à la fin de chacun de mes cours : si ce que j'ai raconté n'a aucun sens, remettez-le en question. Si ce que j'ai raconté a du sens, remettez-le en question aussi, parce que ce qui semble logique peut vous mener droit à la croyance et à l'illusion.

Je ne crois pas un mot de tout ce que je vous ai raconté. Je n'ai pas besoin d'y croire. Si je le croyais, j'en serais dissocié. Si je croyais ce que je vous ai raconté, ça signifierait que je vous aurais menti. Or je ne vous mens pas. Et la raison pour laquelle je ne vous mens pas, c'est que je ne crois pas ce que je viens de dire. Donc, si tout ça n'a aucun de sens, remettez-le en question. Et si ça a du sens, remettez-le d'autant plus en question.

Des questions ?

LE DISCIPLE : Dogo, l'un des problèmes avec les convictions profondes, c'est qu'elles donnent l'impression que les choses sont permanentes, non ? Je dois résoudre beaucoup de conflits dans mon travail (et bien sûr, c'est plus facile de voir cela chez les autres que chez soi-même), mais j'ai eu cette impression lorsque deux personnes sont fâchées l'une contre l'autre au point qu'on a l'impression que ce sera toujours le cas. Je suis pareil, mais c'est en le constatant chez les autres que je m'en suis rendu compte. Un peu plus tard, un ou deux jours après, la fâcherie ne paraît plus si grave, alors que sur le coup, on pense que la personne en face est méchante, qu'elle l'a toujours été et qu'elle le sera toujours. Est-ce que c'est une conviction profonde ?

DOGO : Tout à fait. C'est le parfait exemple d'une conviction profonde. Supposons que je trouve que vous avez un comportement égoïste et que vous manquez de considération pour les autres. Si je ne suis pas aveuglé par mes convictions profondes, même si je n'aime pas ce qui se passe, ma réponse va être : « Je crois que tu manques de considération pour les autres. Tu ne prends pas en compte le fait qu'il y a d'autres personnes que toi, ici. Je crois que tu es vraiment coincé dans une vision autocentrée des choses. » Mais si je suis aveuglé par mes convictions, alors nous allons nous retrouver complètement opposés. Il n'y aura plus de place pour le dialogue.

« Pourquoi est-ce que John agit de la sorte ?
— Parce qu'il est égocentrique.
— Pourquoi est-il aussi égocentrique ?
— Parce qu'il est comme ça.
— Il est toujours comme ça ?
— Oui.
— Donc tu ne l'aimes pas ?
— Enfin, si, c'est mon ami, mais… »

C'est ainsi que prennent fin les amitiés. Nous décrétons que ce qui est en train de se passer en ce moment est permanent. « Je n'aime pas ta manière d'agir. J'en conclus que tu es un crétin, et que tu l'as toujours été. » Voilà ce qu'est une conviction. Une croyance relève toujours de la réaction, et non de la réponse réfléchie.

Nous collons des étiquettes aux gens.

« Lui, c'est un menteur.

— Est-ce qu'il ment toujours ? Il ne dit jamais rien de vrai ? Si je lui demande l'heure, il va me mentir ? Eh bien non, il m'a dit la vérité, j'ai vérifié sur ma montre.

— Oui, mais c'est un menteur. »

De fait, il n'est plus un être humain. Il n'est plus une personne. Il n'est plus qu'un menteur. Ou bien un égoïste. Ou une écervelée sur qui on ne peut pas compter. Nous retenons un trait de caractère qui ne nous plaît pas, nous y réagissons mal, nous en tirons une conviction, et voilà la personne réduite à ce trait. Elle n'est même plus une personne. Elle est l'incarnation d'un comportement, d'un trait de comportement. Voilà ce que produisent les convictions.

C'est pourquoi toutes ces convictions sont erronées. Une croyance ne peut être vraie. Si je pense que quelqu'un n'est pas fiable à certains égards, s'il dit qu'il va faire quelque chose et qu'il ne le fait pas, eh bien soit. Mais si je dis, « Cette personne n'est pas fiable », qu'en est-il des fois où elle fait ce qu'il faut quand il faut ? Même si ce que je pense d'elle est en partie vrai, en tirer une conviction sera mensonger. Personne ne se résume à un seul trait de personnalité. Rien ne peut se résumer à un seul de ses aspects.

Que ce soit dans votre vie privée ou au travail, si quelqu'un vous tape sur les nerfs, arrêtez-vous une seconde et penchez-vous sur la question. De la même manière que personne ne peut vous rendre heureux, personne ne peut vous taper sur les nerfs. C'est vous qui réagissez avec colère à quelque chose qui se passe. C'est vous qui vous tapez sur les nerfs. Lorsque vous réagissez mal à quelque chose qui se passe, même si ce n'est qu'un autre conducteur sur la route (« C'est pas comme ça qu'on conduit ! » On ne devrait pas conduire comment ? Comme je n'aime pas qu'on le fasse, parce que ça me gêne), peu importe le sujet, que ce soit quelque chose d'aussi trivial que la manière dont conduisent les gens sur une route embouteillée ou la façon dont se comporte votre collègue ou un membre de votre famille, à partir du moment où vous remarquez que vous êtes sur le point de réagir abruptement, ou rageusement, faites une pause. Retournez-vous sur votre ego. « Que se passe-t-il ? Quelle est la conviction qui se cache derrière ça ? » Vous vous rendrez compte alors qu'il est seulement question de vous. « Je n'ai pas ce que je veux. En conséquence, je considère qu'il ou elle est ____________ (insérez ici un adjectif péjoratif). » Voilà ce qu'est une conviction.

Vous allez remarquer d'autres personnes qui agissent de la sorte avec vous. Lorsque l'on y prête attention, lorsque l'on voit les choses telles qu'elles sont – sans essayer de les changer, sans essayer de les faire disparaître –, juste telles qu'elles sont, elles n'ont plus la même emprise. Vous comprendrez également que la colère de l'autre ne vous concerne pas. Elle concerne ses propres convictions profondes, et la réaction qu'il a envers ce qu'il croit que le monde lui fait subir. Or en cet instant précis, il pense que vous êtes représentatif de ce monde qui ne tourne pas comme il le voudrait.

Ainsi, quand quelqu'un s'en prend à vous, quand quelqu'un fait de vous son ennemi, quand quelqu'un vous diabolise, vous n'avez pas besoin de vous défendre de quoi que ce soit. Inutile de le prendre personnellement. Cela ne signifie pas pour autant que vous êtes un paillasson, que vous vous roulez en boule et que vous subissez les agissements de l'autre. C'est même tout le contraire. Lorsque l'on ne réagit pas aux choses de manière égoïste ou en pensant à se protéger, on a tendance à faire ce qui doit être fait.

Pour résumer, celui qui est un paillasson attend quelque chose de l'autre. Celui qui est agressif et belliqueux attend quelque chose de l'autre. Lorsque vous ne le prenez pas personnellement, lorsque vous n'êtes pas sur la défensive, lorsque vous n'êtes pas en train d'attaquer, vous voyez les choses telles qu'elles sont. Ce n'est que cela. Et cela. Et cela. Encore et encore. Ce n'est que cela. Voilà ce qui est en train de se passer. Vous pouvez toujours décider d'être l'adversaire de quelqu'un, mais aucunement son ennemi.

CE QU'IL Y A DE PLUS INTIME

Jizô demanda à Hôgen : « Où allez-vous, cher moine ? »

Hôgen répondit : « Je suis en pèlerinage, je suis le vent. »

Jizô demanda : « Pourquoi accomplissez-vous ce pèlerinage ? »

Hôgen répondit : « Je ne sais pas. »

Jizô dit : « Ne pas savoir, c'est ce qu'il y a de plus intime. »

À ces mots, Hôgen s'éveilla profondément.

En Écosse, au début des années 1990, j'aidais l'éditeur Kevin Williamson à sélectionner des poèmes pour les publier dans le magazine *Rebel Inc.* Un jour qu'on se retrouvait pour discuter des poèmes retenus, il me tendit un poème qui ne comportait pas le nom de son auteur : « Qu'est-ce que tu penses de ça ?

— Qui l'a écrit ? ai-je demandé.

— Je te le dirai seulement une fois que tu m'auras dit ce que tu en penses. »

Ce poème était-il écrit par quelqu'un que je connaissais et que j'admirais ? Par quelqu'un que je connaissais et n'appréciais pas ? Il ne voulut rien lâcher. Je lus le poème, et, en me demandant s'il avait été écrit par mon pire ennemi, je lui recommandai de le publier.

Après coup, je me suis rendu compte que c'était la première fois depuis des lustres que j'avais intimement lu un poème. Habituellement, quand je lisais un poème, il était lié à une histoire. Une fois, j'ai lu un poème de Gary Snyder (un de mes poètes favoris) dans lequel le premier vers était affreusement cliché. S'il avait été écrit par quelqu'un d'autre, je me serai moqué de lui. Mais comme je savais qu'il était signé Gary Snyder, et que j'aimais sa poésie, je lui ai laissé le bénéfice du doute. Je n'avais donc pas intimement lu son poème, mais à travers le filtre de ce que j'en préjugeais.

J'ai un disciple zen qui est un photographe talentueux. Parfois, il utilise un logiciel de retouche pour améliorer ses photos. Je préfère celles qui ne sont pas retouchées. Récemment, j'étais en train de regarder ses dernières prises de vue quand je suis tombé sur l'une d'elles, qui représentait un avion sur lequel était peint un grand oiseau rouge. Partant du principe que c'était un trucage, j'ai conclu que c'était en effet une belle photo, mais que je ne l'aimais pas autant que les autres. Puis je m'aperçus qu'elle n'avait pas été retouchée : l'avion était en effet orné d'un logo d'oiseau. J'ai percuté seulement à ce moment-là que c'était vraiment l'une de mes photos préférées. Pourtant, elle n'avait pas changé, mais l'histoire qui l'accompagnait, mes connaissances, si. Je n'avais pas intimement regardé cette photo.

Nous n'agissons pas seulement de la sorte avec les livres qu'on lit et les images qu'on contemple ; nous le faisons avec notre propre vie. On pense savoir de quoi il retourne, mais c'est justement ce que l'on sait qui nous coupe de notre vie et de notre cœur. Ne pas savoir, c'est ce qu'il y a de plus intime.

LA PERFECTION ORDINAIRE

« *L'esprit ordinaire est la voie.* »

Nansen

« *Ceux qui s'aiment par-dessus tous les autres,*
qui se placent au centre d'un univers
qu'ils ont eux-mêmes créé, sont ceux
qui sont incapables d'aimer.
Ils sont abandonnés à leur angoisse,
seuls et dépourvus. »

Chris Hedges

Une disciple zen me disait souvent : « Je veux être exceptionnelle. » Elle considérait son incapacité à être exceptionnelle, à se démarquer des autres d'une manière ou d'une autre, comme la cause de son insatisfaction. Si seulement elle avait pu être extraordinaire, disait-elle, elle aurait été heureuse.

Dans le fond, son existence était bien plus enviable que celle de la plupart des gens. Elle avait une santé de fer, une maison confortable, aucun problème financier, et était aimée par sa famille. Mais cela ne lui suffisait pas, parce qu'elle voulait être exceptionnelle, et à mesure qu'elle vieillissait, elle pleurait de se rendre compte qu'elle était banale.

Elle n'avait pas compris que rien ni personne n'était exceptionnel. Qu'une étoile qui explose n'est qu'une banale étoile qui explose. Qu'une montagne magnifique n'est qu'une banale montagne magnifique. Einstein n'était qu'un homme comme les autres, nanti d'une aptitude pour la science. Shakespeare n'était qu'un homme comme les autres, qui écrivait de façon exquise. Quant à Elvis Presley, il est mort dans ses toilettes.

Le succès et l'échec ne sont que des fictions. Cette femme s'est mis la rate au court-bouillon à penser que son existence ne valait rien, qu'elle-même ne valait rien, tout ça à cause de son échec imaginaire à devenir quelqu'un d'exceptionnel.

Les petits garçons veulent devenir Superman, mais ils oublient que Superman est aussi Clark Kent. Devenir adulte, c'est s'émanciper de ce désir narcissique. Certains n'y parviennent jamais, et ne vivent jamais la perfection de l'existence telle qu'elle est, et ne comprennent pas que la perfection est ordinaire.

QUI HAIT QUELLE VIE ?

Avez-vous déjà clamé : « Je hais ma vie » ?

Moi, je l'ai fait.

Alors, j'ai cherché ce que je haïssais dans ma vie, et je n'ai pas trouvé. Je ne haïssais pas la tasse de thé que je buvais. Je ne haïssais pas la chaise sur laquelle j'étais assis, ni les vêtements que je portais, ni les murs et le toit qui m'abritaient. Je ne haïssais pas la nourriture que j'avais la chance de manger. Je ne haïssais pas mes deux bras, mes deux jambes, mes oreilles, mes yeux, et je ne haïssais pas le fait qu'ils fonctionnaient bien. Plus je me penchais sur ma vie, à tâcher de trouver ce que je haïssais, plus je comprenais que c'était impossible. Cela n'existait pas.

La seule chose qui existait, c'était l'histoire que je m'étais racontée. Le problème ne tenait pas à quelque chose qui se serait réellement passé, mais à ce qui ne s'était pas passé. La vie ne m'obéissait pas, ne se pliait pas à mes désirs, ne m'offrait pas ce que j'en espérais. En commençant à croire à cette histoire sur la façon dont les choses devraient être, j'en venais à détester ma vie. Lorsque je ne croyais pas en cette histoire, mais que je me contentais de regarder ma vie telle qu'elle était – le goût du thé, le ronronnement des chats, le bruit du trafic automobile au loin, la voix de mes amis, la tâche que je devais exécuter ce jour-là –, je n'y voyais rien d'autre que de l'amour.

RECONNAISSANCE

Vous ne pouvez pas dissocier le bonheur de la reconnaissance. Les deux sont intimement liés.

Nombreux sont ceux qui ont réussi à obtenir ce qu'ils désiraient, qui ont réalisé ce qu'ils souhaitaient réaliser. Pourtant, ils ne sont toujours pas heureux.

Ils ne sont pas heureux car ils ne sont pas reconnaissants. Quelle que soit la manière dont se passent les choses pour eux, ils pensent le mériter, et ils espèrent toujours mieux. Ils ne sont jamais satisfaits : ils ressentent parfois une petite euphorie quand ils obtiennent ce qu'ils veulent, mais elle se dissipe vite, et ils retournent à leur frustration habituelle, en quête de leur prochaine réussite ou de leur prochaine acquisition, dans l'espoir que cela leur permettra de s'accomplir.

On entend souvent que des gens riches « qui ont réussi » ont mis fin à leurs jours, tout comme on entend souvent dire que des personnes touchées par la maladie, un handicap ou autre considèrent que leur vie est heureuse.

La différence ? Faire preuve, ou non, de reconnaissance. Pour être heureux, il faut être reconnaissant de pouvoir manger, de pouvoir respirer, de sentir le sol sous ses pieds, d'avoir des vêtements sur le dos, d'être capable de voir et d'entendre, et de savoir qu'il y a des gens qui vous aiment. Même si vous n'avez pas la chance de posséder tout cela, vous devez tout de même être attentif à ce que vous avez, et en être reconnaissant.

Cela ne signifie pas pour autant que vous devez baisser les bras, sombrer dans le nihilisme et ne rien faire pour tenter d'améliorer votre situation. Ni que vous devez vous forcer à penser « de manière positive », ce qui vous fera vous sentir encore plus mal. Ce qu'il faut, c'est apprendre à être heureux, quelle que soit votre situation. Si vous détestez votre boulot, vous pouvez en chercher un autre, tout en étant reconnaissant d'avoir un emploi. Si vous détestez l'endroit où vous vivez, vous pouvez rechercher un autre logement, tout en étant reconnaissant d'avoir un abri avec l'électricité et l'eau courante. Tout en travaillant à l'avenir, vous pouvez être reconnaissant de mener la vie que vous menez en ce moment – parce que quoi que le futur vous réserve, cela ne vous rendra pas plus heureux que vous ne l'êtes maintenant.

En pratiquant la reconnaissance, il est primordial de ne pas tomber dans le piège qui consisterait à vous accrocher aux choses que vous êtes reconnaissant d'avoir. S'attacher aux choses telles qu'elles sont aujourd'hui entraînerait la même souffrance que si vous vous attachiez à l'idée de ce que pourraient être les choses à l'avenir. Pour être heureux, vous devez faire l'expérience de chaque jour, de chaque heure, de chaque instant présent tel qu'il est, et être reconnaissant de ce que vous a apporté cette journée.

En revanche, il ne suffit pas de décider d'être reconnaissant pour que cette décision change votre perspective sur les choses. Vous devez vous engager dans cette voie. Vous entraîner. Pratiquer. L'appliquer à tous les pans de votre vie, et prendre la responsabilité de votre propre bonheur. Il n'y a pas d'autre chemin.

LE MONSTRE QUI VIENDRA VOUS DÉVORER

Nos plus grandes peurs vont toutes, sans exception, se réaliser. Nous allons tous mourir, des suites d'une blessure ou d'une maladie, nous allons perdre tous nos proches, nous allons même tout perdre tout court, y compris nous-mêmes – en tout cas ce que nous considérons comme notre être. Notre cerveau deviendra poussière avec le reste de notre chair et de nos os.

J'étais en train d'expliquer cela lors d'une conférence au centre zen Sitting Frog, lorsqu'un disciple m'a rétorqué : « Ma plus grande peur a toujours été d'imaginer ce monstre du film *Alien* venir me chercher et me dévorer. Vous me dites que ça va vraiment m'arriver ? »

Oui. C'est exactement ça.

Lorsqu'il a vu ce film pour la première fois, étant gamin, pourquoi a-t-il eu si peur du monstre ? Parce qu'il blessait et tuait des gens. Or tous, sans exception, nous allons être blessés et nous allons mourir. Le temps qui passe nous le garantit.

Du coup, s'il n'existe pas d'échappatoire pour nous, est-ce que ç'a un sens de passer notre vie à essayer d'y échapper ?

Le problème, c'est si l'on se met à penser que le monstre est l'ennemi. Que se passerait-il si, à l'inverse, nous nous intéressions à lui ? Que se passerait-il si nous nous tournions vers ce qui est réel, la vie telle qu'elle est, au lieu de nous concentrer sur un fantasme de ce qu'elle pourrait être ?

Dans l'introduction à sa traduction anglaise du grand texte bouddhiste *Le Sûtra du diamant*, Red Pine conclut : « Et pourquoi n'essaierions-nous pas de ne pas avoir peur ? Qu'avons-nous à y perdre ? »

ZEN ET DÉPRESSION

On me demande parfois si la pratique du zen peut aider à guérir de la dépression. Je réponds alors que le zen ne peut pas plus guérir des maladies mentales que des maladies physiques, et j'encourage la personne à consulter ou à se tourner vers la médication. Je l'encourage également à lire *La Voie zen pour vaincre la dépression*, de Philip Martin.

Le zen ne réglera sans doute aucun de vos problèmes. Néanmoins, il peut aider à comprendre différemment ce que nous considérons comme des problèmes.

Même si traverser une dépression s'avère évidemment terrible, cela n'a pas à être un problème. Le problème n'est pas la dépression, mais la manière dont nous y réagissons. On pense toujours que les gens mettent fin à leurs jours à cause de la dépression, or ce n'est pas le cas : ils se suicident parce qu'ils croient à l'histoire qu'engendre la dépression. La pratique du zen, tout comme les autres pratiques méditatives, ne diminuera pas la dépression. En revanche, si l'on arrêtait de croire aux pensées terrifiantes et déprimantes qu'elle suscite ?

Permettez-moi de souligner que je ne suis pas en train de dire que les pensées nocives peuvent être arrêtées. Je dis que l'on peut cesser de croire en elles, et aussi cesser d'essayer de les remplacer par d'autres pensées illusoires.

Lorsque l'on me demande pourquoi je pratique le zen, je cite souvent cette phrase du compositeur John Cage : « C'était soit la thérapie, soit le bouddhisme zen. Or je ne crois pas en la thérapie. »

En ce moment, c'est la mode de se tourner vers les pratiques méditatives en les considérant comme le remède à tous les maux. Je crains malheureusement que ce ne soit qu'une nouvelle tentative de l'ego pour trouver une réponse facile.

Un de mes amis, auquel des soi-disant « bouddhistes » avaient annoncé que la schizophrénie avancée de feu son frère aurait pu être soignée ou contrôlée par la méditation, m'a demandé ce que j'en pensais. Je lui ai répondu que je ne voyais pas comment une personne dans un tel état – quelqu'un qui a des hallucinations et se révèle incapable d'appréhender la réalité objective – pouvait même méditer, alors ne parlons même pas de guérir par ce biais.

Je souffre de stress post-traumatique, et je suis persuadé que la pratique du zen non seulement m'a soutenu, mais qu'elle m'a même sauvé la vie. Toutefois, à certaines périodes de ma vie, des médicaments comme le Lexapro ou le Prozac m'ont énormément aidé. Là où la méditation m'aidait à faire face aux symptômes du stress post-traumatique, les traitements facilitaient la méditation.

Il faut rendre à la méditation ce qui appartient à la méditation, et rendre à la médecine ce qui appartient à la médecine.

LE ZEN DANS LA RUE

La pratique de la méditation est largement considérée comme un passe-temps pour bien-lotis, qui n'aurait pas d'application concrète. En réalité, c'est une pratique qui peut vous éviter de vous retrouver derrière les barreaux, ou de vous faire tabasser par les flics. C'est pourquoi je pense qu'il est important de proposer des exercices de méditation dans les centres d'accueil, les foyers communautaires et les prisons.

D'après la légende, il y aurait deux catégories de flics : les bons flics et les méchants flics. La vérité, c'est qu'ils se classent souvent d'après différents degrés de méchanceté, à cause du conditionnement de la mentalité policière, qui relève de la pathologie.

Le policier de base s'attaque aux gens qui se trouvent en bas de l'échelle. Si vous avez de l'argent, une bonne situation sociale, et que vous répondiez à un policier qui fanfaronne, vous ne risquez pas grand-chose de plus qu'une contravention, parce qu'il y a de grandes chances qu'il vous laisse partir pour trouver des proies plus faciles plutôt que de risquer des poursuites judiciaires avec vous. (C'est pourquoi ils vous demandent toujours votre métier, sans vous préciser que vous n'êtes pas obligé de leur répondre.) Mais la même chose ne s'applique pas aux gens pauvres ou sans instruction qui se risqueraient à ouvrir la bouche : sans crainte de sanction, les flics exigent la déférence, et la situation peut dégénérer. J'ai déjà rendu visite, en prison ou à l'hôpital, à des gens qui ont refusé de se faire malmener par eux. J'ai même assisté aux funérailles de certains.

Imbus de leur petite autorité, les policiers deviennent agressifs quand ils rencontrent une résistance. Cependant, si vous êtes obséquieux avec eux, ils risquent de se sentir encore plus puissants, et donc de vous faire du mal juste parce qu'ils le peuvent.

La réaction la plus sûre à avoir face à un voyou en uniforme, c'est de ne pas en avoir. Ni une réaction agressive qui ne ferait que justifier l'agression de la police ni une réaction timide ou nerveuse qui tendrait à lui faire croire que vous êtes une proie facile. Lorsque vous ne laissez transparaître rien sur quoi il puisse réagir, que vous n'êtes ni insolent ni obséquieux, la situation a moins de chance de s'envenimer. Comment procéder ? En ne vous impliquant pas. La colère et la peur découlent toutes les deux de l'ego. En vous en détachant, vous ne laissez aucune prise à l'interlocuteur, rien qu'il ne puisse combattre ou vouloir contrôler. Cela désamorce la situation qui ne peut plus exploser, et celui qui cherche les problèmes et la confrontation n'a plus qu'à aller les chercher ailleurs.

Je ne parle pas là seulement pour les types en uniforme : la rue fourmille de situations dangereuses susceptibles de mettre notre vie en danger. Certaines sont inévitables, mais la plupart peuvent être désamorcées en mettant de côté l'ego qui pourrait se sentir offensé. La clarté du cœur éveillé peut parfois être contagieuse.

LA COMPASSION DÉTACHÉE

« D'où nous venons,
il n'y a pas de différence
Entre le Oui et le Non,
entre ce qui est, ce qui fut,
et ce qui sera. »

Czesław Miłosz

Je discutais avec une amie qui ne pratique pas le zen, mais s'y intéresse. Alors que je faisais la réflexion que pour être libre, il fallait éprouver le même amour envers les personnes qui nous détestaient et voulaient nous faire du mal qu'envers nos amis et notre famille, elle me demanda : « En quoi est-ce différent du syndrome de Stockholm ? »

Je crois que ce n'est pas seulement différent du syndrome de Stockholm, mais que c'est même l'inverse. Le syndrome de Stockholm est un sentiment d'attachement qui se crée avec ses ravisseurs, bourreaux ou autres agresseurs. Mais on parle là de co-dépendance, pas de compassion. Cela découle d'un désir autocentré de voir les choses tourner différemment, que les bourreaux soient autre chose que ce qu'ils sont. Cet attachement à une image fantasmée de l'agresseur est un déni de ce qu'il est vraiment et de ce qui est en train de se passer, un déni qui alimente et renforce la domination de l'agresseur.

Se libérer de la souffrance implique un détachement bienveillant, mais ce détachement ne signifie pas qu'il ne faut se soucier de rien, ne rien ressentir, ou ne pas s'impliquer. Le détachement bienveillant, c'est une intimité avec la vie, avec la réalité. C'est observer et expérimenter ce qui se passe sans s'inventer une histoire sur la manière dont nous aimerions que les choses soient. C'est considérer la douleur des autres exactement comme l'on considèrerait la nôtre, sans faire de distinction. Lorsque le cœur s'ouvre de la sorte, peu importe que l'autre soit hostile : tout ce que nous voyons, c'est une personne qui souffre. La vie n'en devient pas nécessairement plus facile, mais au moins, elle devient possible.

LE MARTYR EST ÉGOÏSTE

Un disciple m'a posé une excellente question après une conférence au cours de laquelle j'expliquais ceci :

« Il fait froid et vous apercevez un sans-abri qui n'a pas de manteau. Si vous avez un manteau sur le dos, demandez-vous si vous n'en avez pas un autre chez vous, au fond de votre placard. Dans ce cas, et c'est le cas pour nous tous ici, alors enlevez le manteau que vous avez sur le dos et donnez-le à la personne qui n'en a pas.

En entendant ça, vous avez probablement songé que ce serait peut-être votre manteau préféré que vous porterez, celui qui vous a coûté cher, et que vous ne voulez pas vous en séparer. Cela n'a pas d'importance. Donnez-lui votre manteau, quel qu'il soit, parce qu'il ne vous appartient pas. Si vous avez un autre manteau à la maison, alors le manteau que vous portez ne vous appartient pas, il appartient à cette personne sans manteau qui grelotte dans la rue. Si vous le gardez sur le dos, gardez en tête que c'est un manteau volé. Que la personne dans la rue grelotte parce que vous lui avez volé son manteau…

Si vous n'acceptez pas cette idée, c'est uniquement parce que vous croyez que les choses que vous avez sont les vôtres. Vous pensez pouvoir posséder un manteau, pouvoir posséder de la nourriture, et, pire que tout, vous pensez même avoir un ego qui est vôtre. Aussi longtemps que vous vous accrocherez à votre manteau, vous vous accrocherez à l'illusion de votre ego ; et aussi longtemps que vous le ferez, quelle que soit la quantité de choses que vous posséderez, vous souffrirez. Quel que soit le nombre de manteaux que vous posséderez, vous grelotterez. Quelle que soit la quantité de nourriture que vous posséderez, vous serez affamé. »

Le disciple m'a alors demandé : « Disons que j'ai 500 euros dans la poche et que je suis en route pour aller payer mon loyer. Sur le chemin, un sans-abri me demande de l'aide. Dois-je lui donner mon argent ? »

Je lui ai d'abord rappelé que je n'avais pas dit de donner votre manteau à quelqu'un qui n'en avait pas. J'avais dit que *si vous aviez un autre manteau*, alors celui que vous aviez sur les épaules appartenait à la personne qui en avait besoin. Si vous donnez l'argent de votre loyer à cette personne, est-ce que ça l'empêchera de vivre dans la rue ? Pas sûr. Ce qui est sûr par contre, c'est que ça fera de vous un sans-abri. Donc, au mieux, vous aurez remplacé un sans-abri par un autre sans-abri, et au pire, vous aurez simplement jeté un autre sans-abri à la rue

Se comporter en martyr ne relève pas de la compassion, mais de la vanité. La compassion naît seulement quand l'attachement à l'ego est conscient et que l'on est capable de voir à travers, au lieu de le chérir et d'y croire. Lorsque nous retirons le concept du *je* dans l'histoire qu'on se raconte, elle cesse d'être une histoire. Elle devient réalité, et nous savons alors comment bien agir – ou plutôt, ce qui est bien se fait tout seul.

UNE LAISSE AUTOUR DU COU

Tokusan étudiait le zen chez le maître Ryutan. Un soir, il arriva chez Ryutan et lui posa de nombreuses questions. Puis le maître déclara : « La nuit est déjà bien avancée. Pourquoi ne rentres-tu pas chez toi ? » Tokusan le salua et ouvrit le paravent pour partir. « La nuit est vraiment très sombre », remarqua-t-il. Ryutan offrit à Tokusan une bougie allumée pour qu'il retrouve son chemin. Au moment où Tokusan s'en empara, Ryutan la souffla. À cet instant, Tokusan connut l'illumination.

L'un des défis les plus ardus que doit relever un maître de dharma face à ses disciples, c'est de les empêcher de le considérer comme un être supérieur, voire parfait. C'est particulièrement le cas aux États-Unis, où règne une culture messianique qui vous assène que vous avez besoin d'un dieu pour être heureux, et où des séries comme *Sex and the City* vous ressassent le même mensonge en affirmant que vous devez trouver l'âme sœur, la personne qui saura vous rendre heureux.

Cette idée est un poison, mais un poison sucré, alors les Américains en sont friands.

En vérité, personne ne pourra vous rendre heureux. Personne ne va produire chez vous l'illumination. Personne ne va vous donner le pouvoir d'être heureux. Vous allez devoir le faire vous-même. Même Bouddha ne l'a jamais fait que pour lui-même – et il a ensuite appris à ses disciples à le faire pour eux.

Pourtant, les gens n'ont de cesse de se tourner vers d'autres, êtres humains ou surnaturels, pour les réconforter, les rendre heureux, leur indiquer la voie à suivre. On croirait presque que la plupart des gens préfèrent vivre une vie d'esclave, dans laquelle on décide de tout à leur place, plutôt que d'assumer leurs responsabilités.

Ce sont ces gens qui imaginent que les maîtres de zen sont des êtres nantis de super-pouvoirs venus d'un autre monde. Si vous êtes gravement diminué, soit sur le plan mental, soit sur le plan émotionnel, et que vous ne parveniez plus à y faire face, lorsque votre maître, en vous regardant, va vous dire ce qui ne va pas chez vous (parce que c'est évident et que n'importe qui s'en rendrait compte), vous risquez d'imaginer que cette personne possède une sagesse telle que c'en est presque un super-pouvoir qui lui permet de lire en vous. (J'ai déjà eu des disciples qui, parvenant à peine à dissimuler la colère qui bouillait en eux, ont été impressionnés par ma capacité à lire dans leur esprit quand je leur ai annoncé qu'ils étaient « rongés par la colère ».)

C'est un point de vue que les maîtres malhonnêtes et avides de pouvoir encourageront. Ceux qui feront preuve d'éthique se contenteront de vous encourager à vous regarder vous-même. Un maître honnête ne vous donnera pas l'approbation que vous souhaitez ni la désapprobation que vous redoutez : ce serait une façon d'affirmer son contrôle sur vous. C'est ainsi que les chiens sont dressés, alors que le vœu du maître de dharma consiste à aider le disciple à comprendre sa propre nature de bouddha, et non pas à en faire un animal de compagnie obéissant.

Aucun maître de zen n'est plus sage ou plus éclairé que vous ne l'êtes. Même Bouddha n'est pas plus sage ni plus éclairé que vous, puisque vous êtes le Bouddha. Ce qui rend Bouddha, ou tous les autres grands maîtres, si différents, c'est qu'ils ont compris quelle était leur vraie nature. Un maître n'a rien à vous donner, car vous l'avez déjà en vous. Vous n'avez plus qu'à vous en apercevoir, puis à le comprendre, puis à aller au-delà de la compréhension pour le réaliser pleinement. Un maître peut vous guider sur cette voie, mais c'est à vous de marcher. Celui qui vous affirmera qu'il sera capable de vous y emmener est en fait en train de vous attacher une laisse autour du cou.

Lorsque les gens se présentent pour être mes disciples, je leur demande ce qu'ils espèrent. S'ils souhaitent que je leur apprenne quelque chose que je sais et qu'ils ignorent, alors je ne peux pas les aider. S'ils veulent prendre conscience de ce qu'ils savent déjà, ce qu'ils savent depuis la naissance, alors je peux les aider.

Nombreux sont ceux qui veulent que je les aide à arriver ailleurs. Je ne peux pas les aider. Quelques personnes veulent que je les aide à arriver là où ils se trouvent déjà. Eux, je peux les aider.

LA PIÈCE TOMBÉE DANS LA RIVIÈRE

On demanda à Yunmen : « Qu'est-ce que cela signifie, de s'asseoir et de contempler la réalité ? »

Il répondit : « La pièce tombée dans la rivière se trouve au fond de la rivière. »

Il nous arrive de nous sentir perdus, alors que ce n'est jamais le cas. Perdu par qui ? Que se passe-t-il réellement, en cet instant, en dehors de l'histoire que nous sommes en train de nous raconter ? Tout se trouve bien à sa place, exactement tel que cela doit être.

Lorsque l'on commence à pratiquer le zen, on souhaite devenir meilleur, brillant, étincelant même. On espère parvenir à échapper à la douleur et à la souffrance. On se dit que les choses pourraient être différentes. On se dit que l'on est différent des autres.

Je me souviens d'un homme qui pensait de la sorte. Il voulait connaître l'illumination parce qu'il pensait que ça l'aiderait à se sentir mieux. Je lui ai dit : « La pièce tombée dans la rivière se trouve au fond de la rivière. » Il a gardé cette phrase en tête pendant sa méditation assise, et pendant les jours et les nuits qui ont suivi.

Il est revenu me voir. Je lui ai demandé : « Que fait une personne qui n'a pas connu l'illumination quand sa mère meurt ?

— Il la pleure.

— Et que fait une personne qui a connu l'illumination quand sa mère meurt ?

— Il la pleure. »

Nous nous sommes souri. La pièce tombée dans la rivière se trouve au fond de la rivière.

REGARDEZ SIMPLEMENT CE QUI SE PASSE

J'ai un jour entendu un maître de zen répondre, quand on lui demandait quelle était la meilleure position pour méditer : « Ce que vous faites de votre corps est moins important que ce que vous faites de votre esprit. »

Je crois que c'était un conseil malavisé. Non pas que je dirais l'inverse, mais j'irais plus loin en disant qu'il n'y a pas besoin de faire quoi que ce soit avec l'esprit, à part l'observer. Contentez-vous de vous asseoir et de rester immobile pendant une demi-heure, et voyez ce qui se passe. Lorsque l'envie de bouger apparaît, observez-la et ne faites rien. Lorsque les pensées, les émotions et les histoires que vous vous racontez émergent, observez-les sans en tenir compte. Ne les repoussez pas, et n'essayez pas non plus de les ignorer. Restez immobile et, sans émettre aucun jugement, regardez ce qui se passe.

Mes disciples zen me révèlent souvent ce qu'ils n'apprécient pas chez les autres ou, plus souvent, ce qu'ils n'aiment pas chez eux, puis ils me demandent : « Qu'est-ce que je dois faire de ça ? »

Je leur réponds : « Pourquoi faudrait-il en faire quelque chose ? »

Tout ce que vous avez à faire, c'est observer, sans y ajouter le filtre de vos préférences ou de votre histoire personnelle. Lorsque vous en serez capable, il y a des chances pour que vous vous rendiez compte que le problème est résolu, car il n'y a jamais eu de problème autre que celui que vous aviez inventé à partir de vos sentiments sur ce qui se passait.

DÉMON

Un disciple zen m'a demandé si les démons existaient. Je lui ai répondu par l'affirmative. Si vous voulez en voir un, regardez-vous dans le miroir. Si vous regardez dans le miroir et que vous ne voyez pas de démon, c'est que vous ne regardez pas attentivement. Si vous n'y voyez pas un ange, c'est que vous ne regardez pas attentivement. Si vous n'y voyez pas Hitler ni Bouddha, si vous n'y voyez pas des centaines de milliards de galaxies, c'est que vous ne regardez pas attentivement.

AUCUN OBSTACLE

Beaucoup de choses ont été écrites à propos des obstacles à la méditation, et de la manière de les surmonter. Un soir, au centre zen, j'ai demandé à mes disciples de me donner des exemples d'obstacles qui gênaient leur méditation.

Parmi les réponses : le désir de contrôle, l'idée d'acquérir quelque chose, les distractions, l'impatience ou la nervosité.

Je leur ai expliqué qu'il n'y avait aucun obstacle. Ils n'entravaient pas leur pratique de la méditation, ils n'aidaient pas la pratique : ils étaient la pratique. Tout ce qui arrive, la vie étant ce qu'elle est, est une pratique zen.

Lorsque nous ressentons un désir de contrôle et que nous essayons de ne pas le ressentir, c'est encore un désir de contrôle. La même chose est valable pour tous les autres prétendus « obstacles ». La pratique du zen ne consiste pas à s'en débarrasser, mais simplement à les voir, à les voir sans croire à toutes les histoires qui en découlent.

MANGEZ LE DOIGT

« *Acceptez tout ce que l'on vous offre.* »

Susan Murphy

C'est l'histoire d'un moine zen japonais qui faisait la mendicité. Lorsqu'ils s'y attellent, les moines portent de larges chapeaux coniques qui leur tombent au-dessous des yeux, afin de ne pas voir les gens qui s'approchent d'eux. Ainsi, personne ne se dit, « J'espère que ce moine va être impressionné par tout l'argent que j'ai déposé dans sa coupelle » ou, à l'inverse, « J'espère que ce moine ne va pas croire que je suis radin, je n'ai pas mis grand-chose, mais c'est parce que je suis fauché en ce moment... ».

Le moine se dirige vers un groupe de lépreux, mais il ne peut pas le savoir, puisqu'il ne les voit pas. L'un des malades du groupe essaie de mettre quelque chose dans sa coupelle, mais son doigt pourri se détache et tombe dedans. Le moine le remercie et mange le doigt.

Nous atteignons la liberté lorsque nous acceptons tout ce qui nous est offert avec une profonde gratitude. Un délicieux repas ? Agenouillez-vous pour remercier. Un doigt pourri ? Agenouillez-vous pour remercier. La vie est facile et agréable ? Agenouillez-vous pour remercier. La vie est difficile et désagréable ? Agenouillez-vous pour remercier.

Pourquoi faudrait-il être reconnaissant envers les difficultés ? Parce qu'elles nous apprennent des choses. Les gens qui sont bons avec nous sont nos maîtres, et les gens qui essaient de nous faire du mal sont aussi nos maîtres. La sérénité et l'adversité sont deux maîtres. J'ai lu que l'écrivaine Anne Lamott avait placé une photo du président George W. Bush sur son autel, parce qu'elle comprenait l'importance de ressentir de la compassion pour un homme aussi cruel. Elle a compris que George W. Bush aussi était son maître.

C'est ainsi que l'on pratique, instant après instant, jour après jour. Sans s'enfuir, sans se détourner des choses, mais en prenant soin de tout.

LA MÉDITATION N'EST PAS UN JEU (SAUF QUAND ELLE L'EST)

Le maître d'un de mes amis lui a intimé de changer sa façon de méditer. Mon ami en était contrarié, parce qu'il aimait la manière dont il pratiquait jusqu'ici, et n'appréciait pas de devoir le faire comme le lui avait conseillé son maître.

Je lui ai expliqué que son maître lui avait fait un précieux cadeau.

Un disciple zen m'a parlé de sa récente expérience avec la pratique du *koan*. Il avait eu l'impression de s'approcher de l'éveil avec son premier *koan*, mais se débattait avec le deuxième au point de se sentir découragé. « C'est comme si les *koans* ruinaient mon zazen », pestait-il.

Je lui ai dit que c'était une bonne chose. Un zazen qui ne peut pas être mis à mal n'est pas un zazen.

Ces deux hommes se plaignaient de la même chose : ils pensaient qu'il y avait un problème avec leur méditation lorsqu'elle n'était pas paisible et agréable. Ils n'aimaient pas qu'elle soit pénible, frustrante ou ennuyeuse. Mais le plaisir n'est pas le bonheur, et le confort n'est pas la paix. Le bonheur et la paix ne dépendent pas d'une expérience sensorielle ou des circonstances. Pratiquer la méditation, c'est être avec les choses telles qu'elles sont, et avec soi tel que l'on est. Si des sentiments agréables surviennent quand vous êtes assis, tant mieux. Si des sentiments désagréables surviennent quand vous êtes assis, tant mieux. Ils n'ajoutent ni ne retranchent rien au bonheur et à la paix qui eux, sont toujours présents, et existent sans avoir de cause ni de fin.

Les gens qui débutent dans le zen font souvent l'erreur d'évaluer leur méditation. Ils parlent d'une « bonne » méditation (lorsque le corps et l'esprit sont calmes, apaisés, concentrés), ou d'une « mauvaise » méditation (lorsque l'esprit est agité et distrait, et le corps mal à l'aise).

Pourtant, il n'y a pas de différence. L'état calme, apaisé et concentré correspond à ce qui s'est passé cette fois-ci, c'est pour ça que vous avez pu l'observer. L'agitation, la distraction et l'inconfort correspondent tout simplement à ce qui s'est passé cette fois-là, et c'est pour ça que vous l'avez observé.

Si vous vous racontez une histoire à propos de votre méditation qui serait bonne ou mauvaise, ou si vous l'avez appréciée ou non, vous n'êtes plus assis dans la méditation. Vous êtes de retour dans la pensée conceptuelle, coupé de ce que vous êtes en train de faire.

Qu'y a-t-il de si bon à être calme, apaisé et concentré ? Quel est le problème avec l'agitation, la distraction et l'inconfort ? La seule différence, c'est l’opinion que l’on s’en fait, l’histoire que l’on se raconte.

Contentez-vous de prêter attention à ce qui se passe, sans le combattre, sans vous y attacher non plus. Contentez-vous d’être ouvert. D’être assis.

L'ESPACE ENTRE DEUX

En 1998, j'ai assisté à un atelier donné par Frank Ostaseski, fondateur et directeur de l'unité de soins palliatifs zen de San Francisco. L'atelier s'intitulait « Un compagnon compatissant », et portait sur la manière de prendre soin des gens qui étaient en train de mourir.

Frank nous a raconté l'histoire d'une femme de l'unité qui respirait difficilement. Il avait remarqué qu'inspirer et expirer la faisaient tout autant souffrir, mais qu'elle n'avait pas l'air de souffrir entre l'inspiration et l'expiration. Il lui suggéra donc d'essayer de rester le plus longtemps possible dans l'espace entre les deux.

J'ai entendu non pas une histoire sur la mort, mais une histoire sur la vie. La femme allait mourir (comme nous tous), mais elle n'était pas encore morte. Elle respirait, elle souffrait, et cherchait à ne pas souffrir. Même si elle souffrait, il y avait un petit espace, entre l'inspiration et l'expiration, où elle ne souffrait pas.

Pas la peine d'attendre de se retrouver sur notre lit de mort avant de trouver l'espace entre les deux. Quoi que la vie nous amène, nous sommes conditionnés à réagir d'une façon défensive, agressive et autocentrée. Mais il existe un espace entre l'événement et notre réaction. Un endroit sans histoire, à l'écart de notre ego ou de celui des autres. Un espace à l'écart des illusions. Grâce à la méditation, nous pouvons passer plus de temps dans cet espace, jusqu'à ce qu'il devienne notre foyer.

RENTREZ CHEZ VOUS

« Je ne peux pas continuer,
je vais continuer. »

Samuel Beckett

« Qu'est-ce que tu vois
quand tu éteins la lumière ?
Je ne peux pas te le dire,
mais je sais que ça m'appartient. »

The Beatles

Je dis à mes disciples zen qu'il faut qu'ils pénètrent au plus profond de la forêt, et que tant qu'ils ne le feront pas, ils ne connaîtront jamais la paix. Je leur explique qu'ils reconnaîtront la partie la plus profonde de la forêt quand ils la verront, car elle est différente pour tout le monde. Ce n'est pas la partie que vous regardez en vous disant, « Bon, c'est terrifiant, mais ça va aller… Je peux le faire ». C'est une partie qui vous paralyse quand vous la fixez, et vous pensez alors, « Je ne pourrai jamais ».

Cet endroit dans lequel vous n'osez pas pénétrer, et qui semble si sombre, est en fait votre propre cœur. Aussi longtemps que vous éviterez d'y pénétrer, vous vivrez coupé de votre cœur. Vous vivrez comme un nomade, même si les murs qui vous entourent et le plancher sous vos pieds vous semblent rassurants.

Moi, j'avais presque trop peur pour y aller, mais j'avais encore plus peur de ne pas y entrer. Lorsque j'ai pénétré dans la partie la plus sombre de la forêt, je me suis rendu compte qu'elle n'était absolument pas sombre. C'était un lieu baigné de lumière et de chaleur, et si elle me paraissait si sombre au premier abord, c'est parce que mes yeux étaient fermés. Lorsque je les ai ouverts, j'ai vu que j'étais chez moi.

FOSSÉ

J'ai eu une disciple zen qui souffrait d'un problème médical lui causant une douleur dans un bras. Un matin, alors que l'on devait s'asseoir ensemble pour le zazen, elle m'a annoncé que la douleur était particulièrement violente, et m'a demandé si elle pouvait reporter son attention sur sa douleur plutôt que sur sa respiration.

« D'accord, ai-je accepté. Sois dans l'instant présent et observe la douleur.

— Est-ce que je peux aussi me réciter quelque chose ?

— Comment ça ?

— Par exemple, est-ce que je peux réciter, “Au moment où j'expire, je détends mon bras” ? Ça irait ?

— Non. Contente-toi d'être dans l'instant présent, et d'observer la douleur sans la juger. »

Son désir de réciter une phrase est symptomatique d'une erreur répandue, trop souvent encouragée par des maîtres qui se fourvoient. Les représentations mentales, les affirmations et les histoires que l'on se raconte confortent et renforcent notre dualité. Si vous vous dites que vous faites quelque chose (« Au moment où j'expire, je détends mon bras »), vous vous coupez de la chose que vous êtes en train de faire. Vous n'êtes pas présent avec la sensation de votre bras ; au lieu de ça, vous vous racontez une histoire à son sujet.

Si vous savez que vous êtes en train de faire quelque chose, vous créez immédiatement cette dualité. Il y a d'un côté la personne qui sait, et de l'autre la chose que l'on sait. Une fois encore, il y a séparation. Et donc aliénation.

Comblez le fossé. Restez attentifs. Ne soyez pas un être vivant qui expire d'un côté, et un bras qui se détend de l'autre. Libérez-vous de votre chair et de votre ego. Ne reste ainsi que l'univers tout entier à l'intérieur de vous, et vous au sein de l'univers tout entier.

Le but n'est pas de dire que ce serait mal de réciter ou de chanter. Je récite systématiquement un bénédicité avant de manger. Mais je ne le récite pas quand je suis en train de manger. D'abord parce qu'il ne faut pas parler la bouche pleine, mais surtout parce que cela me couperait de l'expérience de manger. C'est la même chose avec toutes les autres tentations que l'on aurait de commenter l'instant présent au lieu de le vivre.

AUCUNE COLÈRE N'EST JUSTIFIÉE

Un de mes disciples m'a demandé si la colère était toujours égocentrée. Je lui ai répondu que oui.

La colère sert toujours de paravent à la peur ou à la douleur. Si je vois un animal maltraité, je vais ressentir une immense tristesse – pendant une seconde environ. Puis la colère prend le relais, et j'ai envie de m'en prendre à la personne qui torture l'animal, parce que c'est plus facile de se sentir en colère que de rester dans cette immense tristesse. La colère offre une porte de sortie, et une impression de contrôle.

Quelqu'un dit ou fait quelque chose qui me blesse. Pendant une seconde, il n'y a que la douleur, la tristesse. Puis surgissent la colère, et l'envie de riposter. Une porte de sortie, une impression de contrôle, d'être capable d'agir contre ça.

La colère n'existe que lorsqu'il y a un désir égocentré que les choses soient différentes de ce qu'elles sont. Lorsque je comprends que je n'ai pas besoin d'agir contre ma tristesse ou ma douleur, que je me détends dans ma tristesse ou ma douleur, sans m'y agripper ni la repousser, il n'y a plus de colère. Abandonnez votre point de vue égocentré, et il ne restera que la vie telle qu'elle est. De cette acceptation découle la lucidité nécessaire pour prendre soin de ce dont il faut prendre soin, et traiter la source de la douleur ou de la peur.

OBSERVER

Quelqu'un qui s'est récemment lancé dans le zen m'a demandé des conseils pour renforcer sa pratique. Voici ce que je lui ai répondu :

« Au cours de votre journée, prenez l'habitude d'observer ce qui se passe à l'intérieur de vous avec le même détachement que vous observez ce qui se passe à l'extérieur. Lorsque votre patron ou votre collègue est en train de faire ou de dire quelque chose, vous ne vous identifiez pas à ce qu'il fait ou dit, parce que ce n'est pas vous. De la même manière, relevez les réactions, les pensées, les émotions que vous ressentez, mais ne vous identifiez pas à elles. Ne faites pas l'erreur de croire qu'elles sont vous. Contentez-vous de les observer. Regardez ce qui se passe sans les retenir ni fomenter une histoire autocentrée à partir d'elles. Si ce que vous observez, c'est vous en train de bâtir une histoire autocentrée, observez “Je suis en train de bâtir une histoire autocentrée”, et ne vous y raccrochez pas. »

QUE VOULEZ-VOUS ?

Je parle souvent à des personnes qui pensent, après avoir pratiqué la méditation pendant un certain temps, qu'elles ont abandonné leur point de vue égocentré. Elles croient l'avoir fait, mais ce n'est pas le cas. Je m'en rends compte lorsqu'elles me disent à quel point elles sont frustrées que les autres personnes ne voient pas qu'elles ont changé, ou qu'elles ne réagissent pas de la même manière.

Un disciple zen m'a demandé : « Comment fait-on lorsque l'on a délaissé sa vision autocentrée des choses, que le monde ne tourne plus autour de nous, mais que les autres continuent de nous voir comme avant et chamboulent tout ? »

Ah tiens, avez-vous vraiment délaissé votre point de vue égocentré si vous espérez encore que la vie vous donne ce que vous en attendez ? Nous pouvons nous convaincre que ce n'est pas ce nous pensons, mais au plus profond de nous-mêmes, rien n'a changé.

Nous continuons de croire que le karma est une sorte de système cosmique de bons points et de mauvais points ; que le monde tournera comme on espère qu'il tourne si l'on abandonne notre vision égocentrée ; que la vie nous offrira ce que l'on espère d'elle. Désormais, vous allez être heureux, c'est ça ?

Il est vrai que lorsque vous délaissez votre point de vue autocentré, lorsque vous cessez de vous attacher aux conséquences, lorsque vous cessez de vous mettre au centre des choses, cela peut agacer les gens qui vous entourent. Personne n'aime porter seul son chagrin. Et quand vous refusez de vous laisser embarquer dans votre cinéma, ou dans celui des autres, ça peut agacer, car faire son cinéma s'avère finalement réconfortant.

Vous imaginez peut-être que si vous n'alimentez plus leur cinéma, les autres trouveront en vous une présence apaisante. C'est faux : ils vous détesteront. Si vous vous êtes détaché de votre vision autocentrée alors qu'eux non, ils risquent d'être très, très mal à l'aise avec ça.

La première fois que vous vous libérez de votre vision égocentrée du monde, cela peut être terrifiant, parce que c'est le socle sur lequel vous vivez depuis toujours. Nous savons tous combien la douleur, les histoires que l'on se raconte, ou la violence peuvent être rassurantes. (Pas forcément la violence physique, mais la façon violente de vivre leur vie qu'ont la plupart d'entre nous.)

Regardez à quel point la société paraît divisée. Regardez n'importe quel débat politique, et voyez comment il souligne ces divisions. Vous considérez que les personnes avec lesquelles vous n'êtes pas d'accord sont malfaisantes, et que si elles sont affublées d'une autre étiquette que la vôtre, il sera impossible de trouver un terrain d'entente. Toute la violence découle de cette cristallisation des positions. Nous l'appliquons à une échelle politique, à une échelle sociale, et à notre échelle personnelle – et nous adorons ça. On aime dire que ce n'est pas le cas, mais si, on adore ça. Nous sommes conditionnés à agir de la sorte, et conditionnés à l'apprécier.

Si vous prenez le temps de repenser à la fois où vous avez le plus agi sous l'influence de la colère, ou de façon dramatique, vous vous rendrez compte que vous avez aimé ça. C'est la raison pour laquelle vous avez agi de la sorte. C'était rassurant. Réconfortant. C'est pourquoi tant de personnes se complaisent dans des relations nocives. Ils sont peut-être malheureux, mais c'est un sentiment familier, et donc réconfortant.

Lorsque vous arrêtez de penser ainsi, que vous arrêtez de jouer à ce jeu, cela risque d'abord de vous faire peur. Vous n'avez plus ce socle rassurant sur lequel vous tenir. Vous ne savez plus quoi faire. Lorsque les autres vont se rendre compte de ce changement chez vous, cela va également leur faire peur. Ils ne vont pas aimer ça. C'est le moment où vous comprendrez que vous avez vraiment délaissé votre point de vue égocentré. Votre nouvelle croyance est : « Je me suis libéré de l'emprise de mon ego. Je n'attends plus rien de la vie. Je ne suis plus égocentré. Du coup, les gens vont m'aimer, ils vont m'admirer, ils vont vouloir me côtoyer, et la vie va être agréable désormais, je vais trouver ma voie. » Moi, moi, moi et encore moi.

Les gens vous le diront. Vous serez peut-être capable de vous abuser vous-même. C'est même parfois plus facile de réussir à se convaincre soi-même que de convaincre les autres. Vous serez capable de croire en cette fable selon laquelle vous ne serez plus autocentré. Peut-être même que certains de vos proches vont mordre à l'hameçon, du moins en apparence, si vous portez une robe de moine zen ou quelque chose du genre. Mais dans le fond, ils sauront que vous faites semblant. Ils sauront que c'est du chiqué. Parce que vous continuerez d'attendre quelque chose d'eux. Vous voudrez qu'ils se rendent compte que vous n'êtes plus égocentré, et qu'ils deviennent comme vous. Si seulement, comme vous, ils arrêtaient d'être autocentrés, alors vous seriez heureux. Nous avons tous ressenti ça. Mais ça ne marche pas comme ça.

Quelqu'un qui abandonne véritablement son point de vue égocentré parle et agit uniquement par compassion. Et même lorsqu'il formule des vérités dures à entendre, les gens reviennent toujours vers lui ; même celui qui se fâche reviendra, en général. Pourquoi ? Parce que la personne a compris que ce n'était pas contre elle, que ce qui a été dit n'était pas une attaque personnelle, qu'il n'y avait là aucune méchanceté puisque son interlocuteur ne voulait rien d'elle.

Lorsque vous interagissez avec une personne, même si vous pensez être dans la compassion, arrêtez-vous un instant et posez-vous la question : « Qu'est-ce que je veux ? Est-ce que j'attends quelque chose de cette personne ? » Dans la plupart des cas, vous vous rendrez compte que la réponse est oui. C'est peut-être enfoui au plus profond de vous. C'est peut-être évident, c'est peut-être subtil. Mais c'est là. Vous attendez quelque chose.

Quand vous voulez quelque chose, mais que vous croyez ne plus être attaché à votre vision autocentrée, vous risquez de devenir plus odieux qu'avant, lorsque vous étiez égoïste et que vous vous disiez, « Bon sang, mais donne-moi juste ce que je veux. Fais ce que je veux ». Désormais, vous pensez toujours la même chose, mais vous l'enrobez dans une sorte de pitié perverse : « Je n'ai plus de point de vue égoïste. Je ne suis pas autocentré, ni arrogant, je suis meilleur que vous. Fais ce que je veux, parce que j'ai raison, et que tu as tort. »

Dans ce cas de figure, peu importe ce que vous dites. Vous pouvez dire « Je t'aime », et cela passera toujours pour une attaque – parce que ça ne sera rien d'autre.

PAS DE SILENCE, PAS DE RETRAITE

Une disciple zen m'a dit combien elle avait envie de faire une retraite silencieuse. Elle n'en avait jamais fait auparavant.

Je lui ai dit que c'était impossible.

Vous ne pouvez vous retirer nulle part, et il n'y a rien dont vous pouvez vous retirer. Même si pendant une longue période personne ne prononce un mot, vous devrez éternellement écouter la voix de la personne la plus insupportable et la plus ennuyeuse qui soit : vous.

Les retraites silencieuses sont précieuses. Mais elles n'impliquent ni silence ni retraite.

LA COLÈRE

Les gens qui ont déjà pratiqué d'autres formes de méditation se trouvent souvent décontenancés lorsqu'ils se lancent dans le zen et découvrent ce qu'est le zazen. Ici, aucune visualisation mystique, aucun exercice de respiration destiné à atteindre un état extatique. Il n'y a qu'à rester assis. Ce faisant, nous nous débarrassons des histoires qui nous polluent, et qui nous coupent de notre vie et de notre expérience.

Si l'on prend par exemple le caractère destructeur de la colère, on comprend que ce n'est pas la colère elle-même qui pose problème. Le problème, c'est l'histoire que l'on se raconte à propos de cette colère. Quelqu'un fait ou dit quelque chose qui nous met en colère – et là, l'histoire s'emballe. *Je suis tellement en colère contre lui. C'est vraiment un imbécile. Il n'arrête pas de faire ça. T'as vu ce qu'il a fait la semaine dernière. Et j'ai entendu dire que l'année dernière, il a fait à untel... Je suis tellement hors de moi...*

Essayer de ne pas se mettre en colère ne sert à rien. Cela ne fait que vous mettre encore plus en colère.

Quant à dire à quelqu'un qui est en colère de se calmer, autant dire à quelqu'un qui est saoul d'être sobre.

Mais que se passe-t-il si l'on se débarrasse de l'histoire que l'on s'est inventée ? *Je suis tellement en colère contre lui. C'est vraiment* – Non. Je suis simplement en colère. *Oui, et j'ai bien raison d'être en colère, parce que* – Non. Je suis simplement en colère. *Tu m'étonnes que je sois furax, vu que* – Non. Je suis simplement en colère. *Mais, mais, mais* – Non, je suis simplement en colère.

Pas d'histoire. Or, dépouillée de l'histoire qui l'enrobe, la colère, comme toutes les émotions, n'est plus qu'un fait. Elle est là. Elle ne disparaît pas, mais désormais, au lieu de nous identifier à notre colère, nous l'identifions. Je regarde ma colère de la même façon que je regarderais un étranger dans la rue se mettre en colère. La colère est là, elle peut même être intense, mais elle n'est pas moi.

SE DÉFINIR COMME INDÉFINI

J'entends parfois des gens qui assistent à des cérémonies au temple bouddhiste et qui pratiquent la méditation déclarer : « Malgré tout, je ne me définis pas comme bouddhiste. Je n'aime pas me coller des étiquettes sur le dos. »

Ce rejet des étiquettes et des catégories – autre conséquence de l'individualisme et du sentiment d'être unique – est courant chez les intellectuels occidentaux qui rejettent les étiquettes politiques et idéologiques, voire les étiquettes sexuelles (j'ai eu de nombreuses conversations fastidieuses avec des gens qui refusaient d'admettre la moindre orientation sexuelle, qu'ils soient hétérosexuels, homosexuels, bisexuels – « Je n'appartiens à aucune catégorie. Je suis moi ».) Ils ne semblent pas s'apercevoir qu'en refusant de se définir, ils se définissent. Ils se collent l'étiquette de ceux qui refusent les étiquettes.

Cette question s'apparente à un défi pour celui ou celle qui pratique le zen. Il est primordial de lâcher les étiquettes « zen » et « bouddhisme » si l'on veut pratiquer le bouddhisme zen. Sinon, c'est comme remplacer une histoire par une autre, une identité par une autre. De même que l'attachement au non-attachement est un attachement, le rejet d'une identité n'est finalement qu'une autre identité.

Alors, que faire ? J'oserai avancer que ceux qui pensent avoir délaissé toute identité se voilent la face. Lutter pour nous débarrasser de nos étiquettes n'est pas seulement futile, c'est inutile. Tant que l'on colle des étiquettes paresseusement et sans réfléchir, elles nous définissent, et sont réductrices. Mais si l'on se bat pour éviter de coller des étiquettes, cela nous définit et nous réduit également. Alors que si nous nous laissons faire (« Allez, d'accord, admettons que je suis bouddhiste »), il n'y a plus de problème. L'étiquette est alors utile, si l'on se contente de la considérer pour ce qu'elle est. L'identité devient alors un véhicule commode, mais ce n'est qu'un véhicule : on peut s'en servir pour voyager si besoin, et en descendre pour continuer à pied dès que nous le voulons.

APPRENDRE À PÊCHER À UN HOMME

Adolescent, quand je vivais à Glasgow, en Écosse, je me suis intéressé à la pêche pendant un ou deux ans. J'ai donc dû aller pêcher une demi-douzaine de fois en tout. Il n'y avait évidemment aucun endroit où pêcher au sein de la cité du centre-ville dans laquelle je vivais, et j'avais rarement les moyens de me payer un ticket pour prendre le bus et sortir de Glasgow. Parfois, je marchais plein nord pendant deux bonnes heures jusqu'à Milngavie, où je pouvais pêcher dans la rivière Allander (je n'y ai jamais rien attrapé), voire – illégalement – dans le bassin de retenue.

De temps en temps, je prenais le bus jusqu'au comté de Stirlingshire, jusqu'aux eaux de la Forth. Par deux fois, j'y rencontrai un homme qui y pêchait depuis plus de dix ans. Un jour, il était agacé d'attraper des anguilles alors qu'il n'en voulait pas.

Même si je n'étais qu'un débutant, j'en avais lu assez sur la pêche, et parlé avec assez de gens, pour savoir que l'anguille était un animal benthique : elle vivait au fond de l'eau. Or je voyais clairement qu'il avait tellement de poids sur sa ligne qu'au lieu de dériver sur l'eau, elle gisait dans le lit de la rivière ; sa ligne était lâche au lieu d'être tendue par le courant. Comme du coup, l'appât se trouvait au fond de l'eau, il était tout bêtement en parfaite position pour pêcher des anguilles. Il en a attrapé un paquet qu'il m'a donné (j'adore les anguilles), tout en ronchonnant parce qu'il espérait attraper des truites.

Je lui ai gentiment expliqué qu'il avait mis trop de poids sur sa ligne, et qu'il devrait en enlever un peu s'il voulait voir mordre autre chose que les poissons qui vivaient au fond de l'eau. Il secoua la tête. « Ça fait dix ans que je pêche, gamin », me coupa-t-il, sous-entendant clairement que mes conseils, je pouvais me les mettre là où je pense.

Cela faisait dix ans qu'il pêchait, pourtant il s'obstinait à faire encore et toujours la même erreur, même si ça ne lui apportait pas ce qu'il espérait. Il s'en plaignait sans jamais remettre en cause sa méthode. Ado, j'en étais perplexe. En vieillissant, j'ai appris que la plupart d'entre nous passent leur vie entière à agir comme cet homme.

LA VIOLENCE NE SOUS-ENTEND RIEN

« *Le vice premier de l'être malveillant est précisément de s'intéresser davantage aux autres qu'à lui-même*[1]. »

Slavoj Žižek

« *Hypocrite, ôte premièrement la poutre de ton œil, et alors tu verras comment ôter la paille de l'œil de ton frère.* »

Jésus-Christ

Chaque acte de violence personnel incarne la célèbre phrase du philosophe Marshall McLuhan : « Le message, c'est le médium. » Il n'existe pas de message caché ou de signification à la violence. Le message est manifeste et ne varie jamais : *Je souffre, et j'ai peur.*

1. Slavoj Žižek, *Violence*, traduction de l'anglais par Nathalie Peronny, Au Diable vauvert.

Personne n'a jamais pensé : « Tiens, je suis heureux et satisfait aujourd'hui, je vais aller tabasser quelqu'un. »

La violence, en tant qu'expression de la douleur et de la peur, ne possède pas de but rationnel. C'est pourquoi les émeutiers ont tendance à détruire leur propre quartier plutôt que celui habité par ceux qu'ils ont désignés comme leurs ennemis. La violence n'est pas un moyen de parvenir à une fin, ce n'est même pas une fin en soi. C'est simplement une affirmation : *Je souffre, et j'ai peur.*

L'exprimer de la sorte peut être enivrant.

Lorsque l'on s'organise en groupes, affirmant que ceux-ci sont nos alliés et ceux-là nos ennemis, nous affirmons la même chose. La mentalité de la foule ne peut découler que de la peur et de la souffrance. Lorsque les villageois chassent le monstre avec des torches, chaque individu apeuré et souffrant s'unit aux autres pour affronter la peur et la souffrance. C'est pour cela qu'ils ont besoin d'un ennemi commun, quelque chose ou quelqu'un qui soit Autre, pour répondre aux besoins de l'histoire qu'ils se racontent : « Si nous parvenons à chasser le monstre, nous serons en sécurité, et alors moi, je serai heureux et satisfait. » S'il n'y a pas d'Autre évident, alors il faut en trouver un, ou le créer.

Slavoj Žižek a montré que les gens qui commettaient des actes de violence au nom de la religion ne sont pas vraiment des croyants : s'ils s'étaient sentis heureux et en sécurité dans leurs convictions religieuses, ils n'auraient pas ressenti le désir de nuire à autrui. Chaque émeute, chaque attentat-suicide, chaque bagarre de bistrot, chaque passage à tabac par la police ou l'armée, chaque acte de violence domestique, chaque chien ou chat maltraité, chaque coup de poing, chaque parole insidieuse exprime la même chose :

Je souffre, et j'ai peur.

Lorsque l'ego perd de son influence, nous nous dirigeons naturellement vers ce qui est juste et sain. Abandonnez votre attachement à l'ego ; ne reste plus que la compassion. Lorsque le délire de l'illusion est mis de côté, nous sommes bons. Ou plutôt, nous expérimentons notre bienveillance innée, cette compassion qui avait toujours été là – ce que nous sommes vraiment.

Une fois que je conduisais sur une route très passante, j'ai aperçu un chien qui vagabondait au milieu du trafic. C'était une situation très dangereuse pour lui, et je n'aurais pas été étonné si la peur l'avait rendu agressif. Pourtant, quand j'ai arrêté ma voiture et que j'en suis sorti, il a couru vers moi en remuant la queue pour me lécher la main. La vie ne l'avait pas assez esquinté (pas encore, du moins) pour que sa nature parfaite, pleine de compassion, ait été éclipsée par la peur et la colère. Lorsqu'il croise un autre être vivant, tout ce qu'il perçoit, c'est un ami, et tout ce qu'il a envie de lui témoigner, c'est son affection. Pour rendre un chien méchant, vous devez lui faire du mal, et ce de manière répétée. Vous devez lui faire peur, vous devez lui faire croire qu'il a besoin de se protéger de quelque chose. Vous devez le terroriser au point que son premier réflexe devienne l'attaque. Lorsque je croise un chien féroce, mon cœur se serre en imaginant ce qu'il a dû subir pour en arriver là.

J'ai rencontré un homme qui tenait un refuge pour rapaces blessés. Faucons, hiboux et autres oiseaux de proie mal en point étaient pris en charge par sa femme et lui. Une fois qu'ils étaient guéris, il continuait de prendre soin d'eux.

Tandis qu'il m'expliquait cela, plusieurs oiseaux étaient posés près de nous, les uns à côté des autres. Certains étaient énormes, d'autres minuscules.

« Les plus petits ne sont pas censés être la proie des gros ? ai-je demandé.

— Si. Mais si l'on prend soin d'eux et qu'on les nourrit, ils n'attaquent pas. Ils vivent tous ensemble, en harmonie. »

Si l'on prend soin d'eux et qu'on les nourrit. Lorsqu'ils n'ont plus rien à craindre.

J'ai donné refuge à des chats sauvages, et le résultat est le même. Lorsque la faim et la peur ne sont plus un problème, ils s'assoient sur mes genoux et ronronnent.

Tous nos comportements destructeurs sont engendrés par la peur. Pour que la violence éclate, tant à un niveau personnel qu'institutionnel, les gens doivent avoir peur, être en colère, à la recherche de quelqu'un à blâmer. Or un gouvernement corrompu et malintentionné peut facilement tourner cette peur et cette colère à son avantage. Pensez-vous par exemple que les atrocités commises par l'administration Bush auraient été acceptées s'il n'y avait pas eu le 11 Septembre ? Nos soi-disant « leaders » justifient la torture et le meurtre en arguant qu'ils nous protègent. Lorsque nous n'avons pas peur, nous ne souhaitons pas la mort ou la souffrance des autres ; nous leur souhaitons d'avoir le ventre plein, un lit chaud et une vie heureuse.

Les chiens. Les chats. Les rapaces. Vous. Moi. Nous sommes tous Bouddha, nantis d'une compassion parfaite, et nous n'avons besoin de rien parce que nous avons déjà tout. Lorsque nous perdons de vue qui nous sommes, nous attaquons. Lorsque nous voyons qui nous sommes vraiment, lorsque nous nous éveillons à notre vraie nature, nous tendons la main à l'autre.

SI VOUS AIMEZ LE CHOCOLAT DANS LE SAMSARA, VOUS ALLEZ L'ADORER DANS LE NIRVANA

C'était le jour de l'anniversaire de mon maître de zen Joko Beck. Après avoir offert à Joko mon cadeau, un invité m'a taquiné : « Alors, pas trop difficile de choisir un cadeau pour quelqu'un qui n'a pas de désirs ? »

Cette question révèle un malentendu très répandu sur ce qu'est un cœur éveillé. Lorsque le cœur s'éveille, que l'on connaît l'illumination, on n'arrête pas pour autant d'avoir des désirs. Pourquoi voudriez-vous vivre dans un tel état (et désirer ne pas avoir de désirs est encore un désir, en outre inaccessible) ? En faisant le vœu de sauver tous les êtres vivants, nous sommes dans le désir. Mais ce n'est pas grave. Il n'y a rien de mal au désir.

Souvent, la deuxième noble vérité de Bouddha est malencontreusement traduite ainsi : « Le désir est cause de la souffrance. » En vérité, le problème n'est pas le désir, mais l'*attachement* au désir. Désirer des choses est normal (c'est même merveilleux, en fait), et cela devient un problème seulement si l'on se met à croire que l'on devrait avoir ce que l'on désire.

Lorsque le cœur est éveillé, le désir ne diminue pas pour autant, et il disparaît encore moins. En revanche, il peut désormais être vécu et apprécié sans le filtre de l'ego. Lorsque cela se produit, vous arrêtez de vous rendre malheureux à cause des frustrations et des incertitudes de la vie, et vous pouvez au contraire commencer à les trouver intéressantes.

UNE CHOSE ET UNE AUTRE

Nous avons tendance à croire que le son et le silence sont dissociés, que la lumière et l'obscurité sont dissociées. Ou bien nous croyons que le silence est l'absence de son, et que l'obscurité est l'absence de lumière. En pensant cela, nous avons peut-être raison, mais nous avons aussi complètement tort. Notre esprit est programmé pour discriminer, classer, étiqueter.

Lorsque l'on parle, ce qui n'est pas dit est au moins aussi important et possède autant de sens que ce qui est dit. C'est quelque chose que sait tout bon acteur. Les musiciens savent aussi que le silence n'est pas l'espace qui sépare deux notes, mais qu'il est partie intégrante de la musique. Sans silence, la musique n'existe pas : il n'y a que du bruit.

Si vous doutez du pouvoir du silence, essayez ceci : pendant une conversation, interrompez-vous au milieu de votre phrase, et restez tranquillement assis, immobile. Regardez l'effet que ça entraîne sur les gens autour de vous.

Il y a plus de silence, plus de place que ce que l'on imagine habituellement, même au cœur du vacarme. Un téléphone qui sonne paraît bruyant et frénétique, mais prenez le temps d'écouter. Remarquez la durée entre chaque sonnerie ; elle est plus longue que vous ne l'auriez pensé. (On peut compter jusqu'à deux, voire trois, entre deux sonneries.) Or ce silence qui occupe l'intervalle entre chaque sonnerie a un pouvoir qui découle du son qui l'a précédé, et du son qui va suivre.

Danser, ce n'est pas seulement être en mouvement, c'est aussi rester immobile. Dans la danse, l'immobilité et le mouvement participent du même geste. L'un n'existe pas sans l'autre.

Sans l'obscurité, la lumière n'a pas de sens, elle n'a plus aucune beauté – ne reste qu'un éclat aveuglant. Sans lumière, l'ombre n'existe pas – ne reste qu'une impénétrable obscurité.

Un antipoison est un poison. Un vaccin est une dose de maladie. L'un des livres-références du zen, *La Barrière sans porte*, nous enseigne que « la médecine et la maladie se soignent l'une l'autre ». T.S. Eliot, lui, a écrit : « Notre mal seul nous est santé. »

Nous ne faisons que rendre les choses plus confuses en les distinguant, et en bâtissant des antagonismes qui n'existent pas et découlent seulement d'expériences sensorielles, de projections, de l'esprit.

La maladie est soignée avec succès lorsque nous ne considérons pas les choses comme distinctes, lorsque nous n'y plaquons pas des antagonismes superflus. Ainsi, nous élaborons la vaccination. Ainsi, nous faisons de la peinture ou de la photographie. Ainsi, nous faisons de la musique.

PAS LA RÉPONSE, SEULEMENT UNE RÉPONSE

Une femme qui avait été abusée par son père étant enfant m'a écrit ceci :

« Je viens d'apprendre que mon père allait mourir. J'essaie d'éprouver de la compassion pour ce vieillard horrible. Je ne souhaite vraiment pas être le genre de personne qui se comporte cruellement envers quelqu'un qui est sur le point de mourir, mais lorsque nous parlons, je ne ressens que de la cruauté. Auriez-vous un conseil ? »

Ma réponse :

« Il ne peut sortir rien de bon si l'on se dit que l'on ne devrait pas ressentir ce que l'on ressent. Que vous "devriez" ou "ne devriez pas" le ressentir ne changera rien : vous le ressentez. C'est comme ça. Et c'est ce matériau que vous devez travailler.

Songez à ce qu'il vous a fait, et posez-vous la question : à quelle place préférez-vous être ? Celle de l'enfant qui a été terriblement maltraitée, ou celle de l'homme qui a maltraité sa fille de la sorte ? Je pense que la réponse est la première. Donc lui, il est forcé d'être quelqu'un que personne de sain d'esprit ne voudrait être, et aujourd'hui, il agonise. En vous sentant reconnaissante de ne pas être lui, vous arriverez peut-être à trouver un endroit tendre et libre dans lequel vous vous préoccuperez de lui. »

Mais avoir de la compassion n'est pas jouer les martyrs. Certaines cicatrices ne disparaissent jamais, et parfois, elles sont encore tellement vives que tout ce que l'on peut faire, c'est garder nos distances et comprendre que, si l'on ne peut offrir aucune aide, on peut au moins décider de ne pas faire de mal.

ÊTES-VOUS EN GUERRE ?

Par un matin glacé et brumeux, je parlais avec un homme qui avait passé plusieurs années en prison. Il m'expliquait qu'il n'était jamais en paix. Je lui ai demandé si ça avait toujours été le cas.

« Je me sens en paix seulement à la bibliothèque, à lire un livre quand personne ne sait que je suis là, et que personne ne va venir me déranger. Oh, et puis il y a eu une autre fois : un soir que je traînais dans ce quartier près de l'océan, quand les bars ont fermé, je suis allé sur la plage. C'était la pleine lune, je pouvais sentir la brise et écouter le bruit des vagues. J'ai vraiment besoin de revoir ça. J'ai besoin de retourner là-bas. »

Ce qu'il ne savait pas, c'est qu'il n'était jamais allé là-bas, et qu'il n'en était jamais parti. Il y avait toujours été. Il avait déjà ce dont il pensait avoir besoin. Il ne l'avait pas trouvé cette nuit-là sur la plage, il l'avait simplement apporté là-bas avec lui. Si ce n'était pas déjà en lui, il n'aurait pas ressenti ce qu'il a ressenti.

Il n'avait pas compris que retourner sur la plage ne lui apporterait aucune paix durable, seulement la tristesse de devoir forcément à nouveau la quitter. Il n'avait pas compris que la lune, les vagues, le monde entier se trouvaient en lui, et qu'il pouvait trouver la paix n'importe où, à condition de se débarrasser de cette histoire égocentrique qui le coupait de son cœur.

Je parlais ensuite à un autre homme qui avait fait de la prison. Il y avait passé presque une décennie, sans jamais avoir le moindre problème avec l'autorité pour ne pas avoir respecté les règles. Une telle chose était si rare qu'elle paraissait pratiquement impossible. Je lui ai demandé comment il avait fait.

« J'ai pris conscience que la plupart des gens ne sont pas plus libres à l'extérieur qu'en prison. Je me suis rendu compte que si je ne pouvais rien faire contre mon enfermement, je pouvais toujours décider si j'étais libre ou non. Je pouvais vivre ma vie, ou combattre ma vie. J'ai décidé de vivre ma vie. »

Aucun de ces deux hommes n'avait fait l'armée, pourtant le premier était en guerre, toujours, tout le temps, contre tout. Le second, non.

Vous qui lisez ces mots, êtes-vous en guerre ?

Je ne vous demande pas si vous êtes dans l'armée. Je ne veux pas savoir de quel pays vous êtes, ni si votre pays est en guerre (de toute façon, il l'est sûrement, d'une manière ou d'une autre).

Je vous demande : êtes-vous en guerre ?

Si vous voulez croiser des gens belliqueux, participez à une marche pour la paix. Regardez les visages en colère, écoutez la fureur avec laquelle les manifestants hurlent leurs slogans. Voyez combien ils détestent l'armée et le gouvernement. Pourquoi les détestent-ils à ce point ? Parce que ce sont leurs ennemis. Parce le mouvement pour la paix ne relève pas de la paix. Il relève de la guerre.

Lorsque les nations se font la guerre, les jeunes hommes et femmes qui veulent être soldats sont utiles à l'armée. Lorsque les nations se font la guerre, les soldats qui ne veulent plus être soldats et qui ne soutiennent plus la guerre sont utiles aux partisans de la paix. Cela ne veut pas dire que les faucons sont belliqueux et les colombes pacifiques. Les faucons et les colombes, partisans et opposants à la guerre, sont deux armées en guerre qui s'affrontent.

Enfiler un uniforme et tirer sur ceux qui ont un uniforme différent, c'est faire la guerre. Enfiler un T-shirt orné du signe de la paix et cracher sur un soldat en uniforme, c'est faire la guerre. Considérer les autres comme le « diable », ou tout simplement, mais tout aussi grave, les considérer comme « eux », c'est faire la guerre.

Êtes-vous en guerre ?

SUPERMAN NE VIENDRA PAS

À une époque, j'avais l'habitude d'animer les discussions d'un groupe « bouddhiste » à l'Église universaliste unitarienne. Je mets le mot « bouddhiste » entre guillemets parce que la plupart des gens présents n'avaient jamais approché la moindre pratique bouddhiste, ni même aucune pratique religieuse. Ils aimaient juste se retrouver chaque dimanche pour échanger des théories sur des traditions spirituelles qu'ils connaissaient finalement très peu. Imaginez un truc entre le fan-club du médecin Deepak Chopra et les Alcooliques anonymes, et vous aurez une bonne idée de ce à quoi ressemblait le groupe.

Chaque fois qu'ils m'invitaient à venir parler avec eux, je leur expliquais que le bouddhisme était une pratique et non une croyance. Que ce n'était pas quelque chose que l'on pense, mais quelque chose que l'on fait. Que ce n'était pas une théorie à propos de la nature de la réalité, mais une expérience directe de cette nature. En gros, je leur expliquais qu'ils ne faisaient que faire semblant, mais eux continuaient de m'inviter à revenir. J'ai commencé à le percevoir comme une relation abusive : j'aurais mieux fait de me pointer là-bas en marcel, avec un pack de bières sous le bras. Après quelques séances, j'ai compris que je n'avais pas les médicaments aptes à soigner leur maladie (ou plutôt si, je les avais peut-être, mais ce n'étaient pas des médicaments qu'ils étaient disposés à prendre), alors quand ils m'ont proposé de revenir la fois suivante, j'ai refusé.

L'une des membres du groupe était une femme qui était également membre d'une secte. Elle était tellement impliquée dans cette secte qu'elle en parlait même quand elle s'adressait à des gens qui y étaient étrangers et ne comprenaient donc rien à ce qu'elle racontait. Elle avait du mal à parler un anglais normal. Elle était venue à chaque discussion que j'avais animée, et une fois, elle est même venue à une réunion dans ma sangha. À la fin d'une discussion à l'église, elle s'est approchée et m'a demandé si elle pouvait me parler en privé. J'ai accepté, et nous sommes allés dans une autre pièce de l'église, où elle commencé à discourir dans son jargon de secte. Je lui ai dit que je ne comprenais rien. Elle a continué d'essayer, jusqu'à finalement réussir à exprimer clairement ce qu'elle voulait :

« Je crois que vous êtes un hypocrite, a-t-elle lâché.

— Et en quoi est-ce que cela vous préoccupe ? Pourquoi est-il important pour vous que je sois un hypocrite ou non ? »

Elle a cru que j'étais désinvolte, mais ce n'était pas le cas. Je pensais ce que je disais. Qu'elle ait décidé, quelle qu'en soit la raison, que j'étais un hypocrite, et qu'elle vienne se confronter à moi pour me l'annoncer, signifiait qu'elle espérait que je ne sois pas un hypocrite. Même si elle ne me connaissait pas, et qu'elle ne m'avait jamais vu hormis lors de ces groupes de discussion, il était important à ses yeux que je ne sois pas un hypocrite. Tellement important que ça la gênait de croire que j'en étais un.

Comme beaucoup de gens, elle se cherchait un gourou. Un être parfait, l'incarnation d'un parent cosmique qui lui dirait quoi faire. Comme tous ceux qui se reposent sur les gourous ou les leaders, elle ne voulait pas porter la responsabilité d'elle-même et de son bonheur. Elle voulait qu'un saint sage (moi) lui fournisse les réponses à ses questions. Or ces réponses ne lui seraient d'aucune utilité si je n'étais pas parfait.

Un enseignement est soit vrai, soit faux. S'il est vrai, alors le caractère imparfait de l'enseignant n'arrivera pas à le changer en mensonge. Par contre, s'il est faux, même le caractère merveilleux, parfumé, brillant et parfait de l'enseignant n'arrivera pas en faire une vérité. Ceux qui enseignent la spiritualité n'enseignent pas vraiment, parce que vous ne pouvez pas enseigner à quelqu'un ce qu'il ne sait pas déjà. Tout ce que celui qui enseigne la spiritualité peut faire, c'est vous révéler votre propre sagesse parfaite, votre propre lucidité parfaite, l'être illuminé que vous êtes et que vous avez toujours été.

Un tel éveil ne peut découler d'une croyance magique ou superstitieuse, ou de la dévotion envers des gourous. Il découle de ces matins froids où vous tirez du lit très tôt votre corps et votre esprit endormis pour les poser sur un coussin et pratiquer le zazen.

Il découle de la compassion, de l'humilité et de la reconnaissance avec lesquelles vous vivrez. Il découle de votre capacité à absorber tout l'univers et ses phénomènes, tout en étant simultanément absorbé par lui. Il découle de votre compréhension – il faut non seulement le savoir, mais aussi le comprendre – que la source de toute souffrance réside dans votre point de vue égocentré. Il découle de l'attention que vous portez aux choses. Il découle des questions, et non des réponses, parce qu'expérimenter la question, c'est déjà la réponse.

Je ne sais pas si je suis hypocrite ou non. Ce n'est pas de mon fait, mais si je devais faire une supposition, je dirais que je le suis probablement. Je suis également un être éveillé, tout comme vous. Il ne tient qu'à vous de décider si vous voulez faire l'expérience de votre propre éveil. Le véhicule par lequel vous le ferez est la perfection de la sagesse, peu importe de quelle bouche elle sort.

ÊTES-VOUS PRÊTS ?

Dans les centres spirituels (mais pas seulement), les gens parlent d'être « sur la voie », et disent qu'ils sont « prêts » pour certaines choses, et « pas encore prêts » pour d'autres. Qu'ils soigneront certaines plaies « quand ils seront prêts ».

Est-on un jour « prêt » à ce que son enfant développe une maladie qui le condamnera ? Si cela doit arriver, cela se fera, que vous soyez prêt ou non. Êtes-vous prêt à perdre votre boulot, ou votre conjoint ? Votre patron va peut-être vous virer demain, votre conjoint demander le divorce, et que vous soyez prêt ou non n'y changera rien. Êtes-vous prêt à vieillir, à tomber malade, à mourir ? Cela n'a pas d'importance. La vie agira comme elle agit, et tant pis si vous êtes coincé dans vos rêves égocentrés sur le fait d'être prêt ou non.

Si je voulais nier le caractère éphémère des choses, un coup d'œil aux archives de ma boîte e-mail m'en empêcherait. Tous ces messages vibrants et engagés, signés par des amis dont les corps sont désormais en train de pourrir sous la terre ou d'être dispersés par le vent. À l'inverse, tant de personnes « vivantes » attendent de commencer leur vie, pensant qu'elles ont du temps devant elles…

PAS DE PASSÉ, PAS DE FUTUR

« Lorsque vous voyez une photographie de vous, est-ce que vous vous dites que vous êtes une fiction ? »

Jean-Luc Godard

Il y a quelques années, alors que je faisais la vaisselle, mon regard est tombé sur une photographie punaisée sur le mur au-dessus de l'évier. La photo représentait trois sœurs, dont l'une était l'amie chez laquelle je vivais. Elle se tenait à gauche de l'image, un grand sourire aux lèvres, sur le point de se marier.

Au moment où je regardais la photo, le mariage avait tourné court, et la sœur qui avait passé son bras autour de la taille de la mariée était morte quatre mois plus tôt, à l'âge de 21 ans. Sur la photo, toutes les trois souriaient.

Je ne possède aucune photo de moi avant que n'aient proliféré les appareils photo numériques. On a pris quelques clichés de moi quand j'étais gamin, mais personne ne me les a donnés. Quand j'ai commencé à parcourir le monde, je gardais avec moi une petite pochette qui contenait des photos prises entre la fin de mon adolescence et ma vingtaine. Quand j'ai atteint la trentaine, elle contenait quelques photos de plus. Elles ont toutes été détruites par une personne atteinte d'un sérieux problème mental, dont la souffrance s'exprimait par une rage aveugle.

Donc les seules photos que j'ai de moi ont été prises avec des appareils numériques après mes 35 ans. Je ne crois pas avoir beaucoup changé ces dix dernières années, du coup, sur chaque photo de moi, j'ai la même tête. Mis à part mes souvenirs (toujours peu fiables), je n'ai plus moyen de voir la tête que j'avais dans le passé.

J'aime cette absence de passé, car elle me permet de me rappeler que nos histoires ne sont que des histoires, et qu'il n'y a pas de permanence dans ce qui nous arrive. Pas de passé, pas de futur ; rien que l'instant présent. Une femme morte et une femme divorcée qui sourient sur une photo, juste avant un mariage.

LA VOIE DU MILIEU

On surnomme souvent le bouddhisme la Voie du Milieu, mais il y a une confusion sur ce que cela implique. Nombreux sont ceux qui croient que cela symbolise la modération, le chemin entre deux extrêmes. C'est une erreur.

La Voie du Milieu est le chemin entre l'attachement et l'aversion. On pourrait la considérer comme extrême, et non comme modérée, en ce qu'elle rejette tout ce qu'on nous a appris à croire : le fantasme de l'ego, la façon dont on a été conditionné à vivre, et qui n'apporte qu'anxiété et insatisfaction même quand les choses arrivent comme nous pensions qu'elles devaient arriver.

En se détournant de l'illusion, la Voie du Milieu n'est pas vraiment un chemin entre deux extrêmes opposés, car l'attachement et l'aversion ne sont pas différents : l'aversion, c'est l'attachement qui fait la grimace ; et l'attachement, c'est l'aversion qui sourit. Si l'on se débarrasse de l'histoire qui nous dit qu'il faut s'attacher à ceci et avoir de l'aversion pour cela, la Voie du Milieu est simplement le chemin de la vie telle qu'elle est.

COUPER EN UN

Dans le *koan* intitulé « Nansen tue le chat », Nansen coupe le chat du temple en deux.

N'importe qui peut couper quelque chose en deux. Mais peu de gens ont appris à couper deux choses, ou plusieurs, en une seule.

Un homme m'a dit qu'il ne croyait pas possible de ressentir de la douleur ou de la tristesse sans souffrir. Je lui ai répondu que c'était parce qu'il ne savait pas encore comment couper deux choses en une.

La souffrance provient d'un sentiment de décalage par rapport au monde, ou de la peur du décalage. Vous pensez peut-être qu'elle provient de la douleur, mais si vous l'examinez, vous constaterez que la souffrance est suscitée par le sentiment d'être en décalage, séparé, coupé de personnes qui ne souffrent pas de la même façon que vous souffrez. Il n'y a jamais de séparation, c'est seulement une histoire que l'on se raconte qui nous sépare, donc notre souffrance est toujours inutile.

Lorsque votre sagesse est suffisamment grande pour couper deux choses en une seule, alors il n'y a plus rien ni personne dont vous pouvez être séparé. La douleur et la tristesse ne sont que la douleur et la tristesse, parfaites à leur manière, et qui doivent être parfaitement ressenties, telles qu'elles sont, sans y ajouter des histoires ou de la souffrance.

EN MOUVEMENT

J'ai entendu des pessimistes avancer que s'il y a une lumière au bout du tunnel, il y a de grandes chances que ce soit un train à l'approche. Pourquoi pas, mais où est le problème avec les trains à l'approche, si ce n'est que nous ne les aimons guère parce que nous sommes attachés à marcher le long des voies dans la direction que nous avons choisie ?

À l'approche du train, nous pouvons nous obstiner à marcher vers lui, mais dans ce cas il nous écrasera sous ses roues. Nous pouvons essayer de faire demi-tour et de le distancer, mais il nous rattrapera. Nous pouvons essayer de l'éviter, en espérant trouver assez de place pour se coller contre le tunnel et le laisser passer. Ou peut-être, quand il passe, pouvons-nous faire du stop, et y grimper pour voir où il nous emmène. Cet endroit sera probablement chez nous, même si nous ne le savons pas encore, et si au premier abord, nous en avons peur.

MAUVAISES QUESTIONS

Beaucoup d'entre nous veulent que quelqu'un les prenne par la main, les sauve, les débarrasse de leurs souffrances, de leurs peurs et de leurs doutes. Personne ne peut faire ça.

Beaucoup d'entre nous l'ont compris, et pensent donc que nous devons nous aider nous-mêmes. Personne ne peut faire ça non plus.

Si personne ne peut nous aider, et si nous ne pouvons pas nous aider nous-mêmes, que pouvons-nous faire ? Sommes-nous condamnés à souffrir ?

Notre souffrance ne prendra pas fin tant que nous ne cesserons pas de nous poser les mauvaises questions. Qui peut m'aider ? Comment puis-je m'aider moi-même ? Voilà des questions qui n'effleurent même pas le problème (ou ce que nous considérons comme étant un problème).

D'autres questions nous seraient bien plus utiles : qui est cette personne qui veut être aidée ? Qui est cette personne qui veut s'aider elle-même ? Qui est cette personne qui pense qu'elle a un problème ? Que reste-t-il de moi si je n'ai plus la conviction d'avoir un problème ?

L'INSTANT PRÉSENT

Dans le zen, on entend toujours qu'il faut « être dans l'instant présent ».

Pas grand monde ne comprend ce que cela signifie. Je l'ai entendu être invoqué pour justifier une amnésie délibérée concernant le passé, ou un mépris imprudent pour l'avenir, voire une attitude égoïste et irresponsable qui se résumerait à « On vit l'instant présent, et le reste on s'en fout ». Cette attitude méprise en fait l'instant présent, et s'apparente plutôt à cette habitude atemporelle de se regarder le nombril. Se concentrer de manière obsessionnelle sur cet instant nous aveugle sur sa réalité : nous sommes coincés dans notre propre histoire, seulement préoccupés par l'instant présent. Cela nous détourne de la vie, et c'est futile. Vous pouvez ignorer le karma autant que vous voulez, le karma ne vous ignorera pas.

Le passé n'est pas terminé, car le passé n'existe pas. Le futur n'arrive pas, parce que le futur n'existe pas. Il existe seulement, encore et toujours, l'instant présent, qui inclut aussi ce que nous appelons passé et futur. Il n'a pas de début, et ne connaît pas de fin. Il inclut l'explosion de la première étoile et l'épuisement du soleil ; la vaisselle sale dans l'évier, et la vaisselle propre sur le plan de travail.

Dans le 37e *koan* de « La Barrière sans porte », Mumon remarque que si nous pouvons comprendre la signification de l'arrivée de Bodhidharma par l'est, il n'y aura pas de Shakyamuni dans notre passé ni de Maitreya dans notre futur. Moi, je dis que lorsque je fais la vaisselle, la vaisselle sale ne fait pas partie du passé et la vaisselle propre ne fait pas partie du futur.

S'éveiller à l'instant présent ne consiste pas à devenir comme le protagoniste du film *Memento* qui ne se souvient de rien en dehors de chaque instant, sans savoir qui il est, ni comment il est arrivé là. Être dans l'instant présent, c'est être présent à la vie tout entière, telle qu'elle est, libéré des histoires que l'on se raconte sur le passé et le futur, et voir, entendre, goûter, sentir et toucher le monde, au-delà des barrières de l'ego qui nous coupent du sol sur lequel nous marchons et de notre propre cœur. C'est savoir qui l'on est.

CE QUE MARA PRÉFÈRE

Dans le bouddhisme, ce qui se rapproche le plus d'une figure diabolique est incarné par Mara, le dieu des illusions. Mara n'est pas censé être considéré comme un être réel, mais plutôt comme la métaphore de l'illusion qui peut exister en chacun de nous, et est présente chez la plupart d'entre nous. Dans la mythologie bouddhiste, il est souvent personnifié.

Dans une histoire, Mara se promène avec son serviteur, et les voilà qui passent devant un monastère. Ils voient un groupe de jeunes gens alignés devant, des novices qui attendent d'être ordonnés moines. À la grande surprise de son serviteur, Mara sourit et hoche la tête en signe d'approbation.

« Que font ces gens, Votre Malfaisance ? lui demande son serviteur.

— Ils viennent de goûter à l'éveil et d'entrevoir leur vraie nature, répond Mara en souriant.

— Et vous ne détestez pas ça, Votre Malfaisance ?

— Absolument pas. J'adore ça. C'est même ce que je préfère.

— Mais pourquoi aimez-vous autant voir des gens qui s'éveillent à leur vraie nature ?

— Parce qu'ils vont en tirer une croyance, dit Mara. Et dans ce cas-là, ils seront à moi. »

Toute croyance que nous avons à propos de quoi que ce soit s'avère être une croyance que nous avons sur nous-mêmes. Que ce soit une croyance religieuse, politique, scientifique ou artistique, c'est toujours la même illusion : nous nous servons de croyances pour définir qui nous sommes, et ce faisant, nous devenons prisonniers de notre ego, coupés les uns des autres, coupés de la réalité de nos vies, du cosmos tout entier, et de nos propres cœurs.

Lorsque je demande aux gens, « Pourquoi est-ce que vous êtes contre la guerre en Irak ? », ils me répondent souvent, « Parce que je suis républicain » ou « Parce que je suis démocrate ». Ce à quoi je réponds : « Je ne vous ai pas demandé quelle était l'étiquette que vous vous étiez collée sur le front. Je vous demande votre avis. »

Lorsque nous délaissons notre attachement à l'illusion de l'ego, il ne reste plus de croyance, parce qu'il n'y a plus de séparation. Plus rien en quoi croire, et plus personne pour y croire.

Là où la croyance s'efface, la sagesse commence. Le soleil brille, que nous y croyions ou non. La pluie tombe, que nous y croyions ou non. Le vent souffle, la lune est visible certaines nuits et pas d'autres, les oiseaux volent, les poissons nagent, les créatures mangent, boivent, pissent et chient – tout ça en dépit de ce que l'on croit. Nos croyances n'affectent pas l'univers. Elles n'affectent que nous et les êtres à qui nous causons du tort en leur nom, parce que les croyances n'existent nulle part ailleurs que dans l'esprit qui les produit.

MARA EST-IL RÉEL ?

Oui. Lorsqu'un clochard fait les poubelles devant le bâtiment d'un collectif d'artistes du centre-ville de Phoenix, et que l'un des artistes s'écrie : « Dégage des poubelles, chacal de merde ! », la personne qui crie, c'est Mara.

Mais Mara se déplace. Mara est aussi l'homme qui écrit ces lignes, dont le cœur se durcit envers la personne qui se révèle si cruelle avec un clochard – et, ce faisant, donne vie à la cruauté de Mara, et ainsi de suite. Mara est également la personne qui se met en colère en lisant ces mots.

Mais il y a aussi Kanzeon, le Bodhisattva de la Compassion, à l'écoute des sanglots de ceux qui souffrent. Kanzeon, c'est la femme dont l'appartement jouxte le collectif d'artistes, qui a entendu ce qui s'est passé et en a pleuré, avant de décider de trouver un moyen de nourrir les pauvres. Kanzeon, c'est l'homme qui écrit ces lignes, qui aimerait que tout le monde ait de quoi manger, que tout le monde soit aimé et en sécurité. Kanzeon est également la personne qui ressent de la compassion en lisant ces mots.

VA DIRE ÇA AU JUGE

« L'illumination sans morale
n'est pas encore l'illumination. »

Dôgen

L'expression « ne pas être dans le jugement » est devenue l'une des plus galvaudées par les Occidentaux attirés par la pratique du bouddhisme, et c'est logique. Trop de gens font l'erreur de croire que « ne pas être dans le jugement » signifie ne jamais porter de jugement. Ce point de vue est tout simplement amoral, et en contradiction totale avec le dharma de Bouddha.

Être dans le jugement, c'est rabaisser les gens, et se sentir supérieur à eux. Ce n'est pas la même chose qu'émettre un jugement raisonné et éthique à propos d'une situation ou d'un comportement. Par exemple, je dirais qu'il vaut mieux aider les sans-abri que leur cracher dessus, et qu'une personne qui leur cracherait dessus se comporterait de manière répréhensible. Mais selon la logique du bouddhiste de supermarché qui place ses livres en tête de gondole, là, j'ai tort parce que je suis dans le jugement – puisque je porte un jugement.

Cette vision des choses allie fainéantise intellectuelle et lâcheté morale. C'est la quintessence de ce que le maître tibétain Chögyam Trungpa Rinpoché appelait « la compassion idiote » : un égalitarisme superficiel qui n'a rien de compassionnel.

En réalité, le bouddhisme repose sur les jugements que l'on émet. Bouddha a jugé que la plupart des gens causaient des souffrances inutiles aux autres et à eux-mêmes, et que c'était une mauvaise chose. Il a jugé que le karma compulsif pouvait être arrêté grâce à une pratique assidue du dharma. Pour résumer : Bouddha a jugé qu'il avait raison, et que la plupart des autres avaient tort.

Il ne les jugeait pas, dans le sens où il ne les rabaissait pas. Mais il s'est servi de son talent de jugement qualitatif pour diagnostiquer la maladie, et prescrire le remède idoine. Aux yeux d'un de ces bouddhistes américains au sourire figé qui passent leur temps à vous faire des câlins, Bouddha était donc un mauvais bouddhiste.

Lorsque vous prenez le temps de l'analyser, le dogme qui consiste à ne pas juger s'écroule sous sa propre hypocrisie, puisqu'il repose lui-même sur un jugement : nous ne devons pas émettre de jugement. C'est un point de vue qui nie la hiérarchie de ce qui est important ou non, qui nie ce qui peut être bien ou mal, tout en affirmant que ceux qui partagent ce point de vue ont raison, et les autres ont tort.

RIEN N'EST ENNUYEUX

« L'amour est le seul moteur
de notre survie. »

Leonard Cohen

Même l'activité la plus passionnante finira par vous ennuyer si vous la pratiquez pendant un certain temps. Même si quelque chose vous paraît désirable avant de le posséder, vous vous ennuierez après l'avoir eu un certain temps. Pourtant, ce n'est pas l'objet qui devient ennuyeux – comment le pourrait-il ? – mais bien vous qui vous ennuyez.

Et la raison, c'est que vous n'avez jamais prêté attention à l'activité ou à la chose en elle-même. Au lieu de ça, vous pensiez qu'elle améliorerait votre existence, vous sauverait de l'ordinaire, vous rendrait heureux. Cela n'a pas été le cas. Cela ne pouvait pas être le cas.

Quand quelque chose vous paraît ennuyeux, continuez de le pratiquer en y étant attentif. Vous ne vous ennuierez pas très longtemps. L'ennui est créé par votre *je*, votre ego, parce que vous constatez que cette activité n'est pas capable de vous rendre heureux. L'ennui n'est qu'une histoire que vous vous racontez. Délaissez cette histoire, arrêtez de penser en termes de ce que vous voulez faire et de ce que vous ne voulez pas faire : soyez attentif à la vie telle qu'elle est, et votre cœur s'ouvrira. Lorsque le cœur est ouvert, tout est parfait en soi, et il n'y a plus de distinction entre l'exotique et le banal, le beau et le laid, le sacré et le profane.

LA CERTITUDE DU SOLEIL ET DE LA LUNE

« *Pourtant, dans l'attachement*
les fleurs fanent, et dans l'aversion
les mauvaises herbes se répandent. »

Dôgen

Une de mes amies a perdu un membre de sa famille. Depuis, elle a essayé de se détourner de la souffrance par les méthodes habituelles (alcool, sexe compulsif, ambitions carriéristes, comportement de tragédienne, etc.). Rien n'a fonctionné bien longtemps ; la peine a fini par la rattraper, et elle est devenue déprimée.

Son petit ami ne sait pas comment gérer cette dépression, il a tendance à s'éloigner d'elle dans ces moments-là. Il explique qu'il lui est difficile de la voir dans cet état. « J'aime lorsqu'on s'amuse, lorsque je peux te faire rire », a-t-il argué quand elle a abordé le sujet.

On pourrait se dire qu'une telle réaction est une réaction d'amour : il aime la voir heureuse et déteste la voir triste. Mais une telle réaction est totalement autocentrée. Elle relève de ses propres préférences, de son propre confort. Cela concourt à exclure sa compagne et l'essence de sa vie : il souhaite qu'elle soit telle qu'il le désire, et non telle qu'elle est.

Quant à mon amie, elle a agi de la même façon. Sa sœur a un mari qui réagit au deuil de sa femme avec compassion, et l'accepte telle qu'elle est à chaque instant. Mon amie jalouse sa sœur, elle lui en veut de bénéficier de ce qu'elle n'a pas – quelqu'un d'aimant qui la soutient, quelqu'un qui est présent dans les moments douloureux. Mon amie ne se rend pas compte que sa réaction est exactement la même que celle de son copain : elle ne pense qu'à elle et, au lieu de se réjouir pour sa sœur, réagit avec colère à son propre manque.

Une telle opinion se révèle à la fois matérialiste et mégalomane, et nous assure de souffrir. Or nous agissons tous comme ça, jusqu'à ce que l'on apprenne à être attentifs à nos vies telles qu'elles sont.

La perte, la douleur et la tristesse surgissent forcément, aussi sûrement que le soleil et la lune dans le ciel. Posséder quelque chose, c'est être certain de le perdre, car nous ne pouvons rien conserver, y compris l'ego auquel on s'attache. Mais notre souffrance ne provient ni de la perte, ni de la douleur, ni de la tristesse. Elle est engendrée par notre addiction à l'ego, à cette histoire que l'on se raconte, et dont on est le personnage principal. Notre souffrance ne vient pas des choses telles qu'elles sont, mais de notre fantasme de les voir se dérouler autrement.

Ensuite, c'est un cercle vicieux : le compagnon de mon amie souffre parce qu'il aimerait qu'elle soit heureuse et passe son temps à rire ; mon amie souffre parce qu'elle aimerait que son petit ami la soutienne pendant sa dépression ; sa sœur souffre parce qu'elle aimerait que sa sœur soit heureuse pour elle, et ainsi de suite.

Peu importe les circonstances. Même si elles sont en notre faveur, lorsque nous ne pensons qu'à nous-mêmes et à nos préférences, nous sommes en enfer. Nous sommes coupés les uns des autres, coupés de nous-mêmes, coupés de l'univers tout entier. Nous créons notre propre état d'aliénation, un lieu dans lequel nous serons toujours seuls.

L'enfer n'a qu'une seule porte. Il faut en sortir comme on y est entrés. L'ego nous y a emmenés ; c'est donc abandonner notre ego qui nous en sortira. Il faut réagir aux choses telles qu'elles sont, plutôt qu'à la façon dont on aurait préféré qu'elles soient, et la souffrance s'estompera. Faites l'expérience de la tristesse en tant que telle, sans point de comparaison. Faites l'expérience du plaisir en tant que tel, sans point de comparaison. Lorsque l'on agit ainsi, on découvre que l'un n'est pas meilleur que l'autre. Les deux sont parfaits quand ils s'accroissent, et parfaits quand ils s'estompent.

Cette acceptation ne signifie surtout pas qu'il faut baisser les bras et devenir apathique. Au contraire : c'est seulement lorsque nous acceptons la vie telle qu'elle est, ici et maintenant, que nous pouvons la nourrir de compassion et de gratitude, et tirer le meilleur de ce qu'elle nous offre.

AVOIR RAISON

Beaucoup de discussions semblent ne pas tant se préoccuper de régler le problème soulevé que de savoir qui a raison.

Je n'aime pas avoir raison, parce que si j'ai raison, ça veut dire qu'un autre a tort. Si je gagne, quelqu'un perd. Et si l'un a raison et l'autre tort, s'il y a un vainqueur et un perdant, la relation en souffre (qu'elle soit professionnelle, personnelle ou autre).

Si l'on cesse de s'agripper à ce que l'on sait, à ce que l'on croit, au fait d'avoir raison, nous désamorçons la source de notre souffrance. La prochaine fois que vous insisterez pour montrer que vous savez quelque chose et que vous avez raison, posez-vous cette question : qu'est-ce que vous en avez à faire, d'avoir raison ? Est-ce que vous pourrez le manger ? Est-ce que vous pourrez coucher avec ? Est-ce que la banque le reconnaît comme une monnaie officielle ? Non. Alors dans ce cas, qu'est-ce que c'est, avoir raison ? Et qui est celui qui a raison ?

AU BUREAU

Le jour où j'ai commencé mon nouveau boulot, j'ai fait la connaissance de Jane. Elle avait fondé la compagnie vingt ans plus tôt et venait de la revendre. J'avais été engagé par le nouveau proprio. Jane avait accepté de rester directrice pendant un temps, et, dès que j'étais arrivé au bureau ce matin-là, la plupart de mes nouveaux collègues m'avaient mis en garde contre elle. Ils m'avaient raconté qu'elle avait poussé à bout plusieurs journalistes qui ne supportaient pas son attitude : elle était impatiente, avait un caractère bien trempé et voulait tout contrôler.

Ils avaient raison. Mais ce n'était pas un problème.

Jane et moi nous sommes merveilleusement entendus. Ça a vraiment inquiété les autres qui n'avaient jamais vu personne s'entendre avec elle, et encore moins aimer travailler avec elle. C'était pourtant mon cas, et elle me manque encore beaucoup.

Avant la fin de mon premier jour, j'avais compris qu'elle était exactement comme on me l'avait décrite. J'étais assis derrière mon ordinateur à travailler lorsqu'elle est venue s'asseoir à côté de moi et a commencé à m'expliquer le fonctionnement du logiciel qu'on utilisait.

« Merci beaucoup, mais je sais comment il marche, ai-je dit. J'utilise le même chez moi. »

Elle a ignoré mes propos et a poursuivi ses explications. Je l'ai laissée continuer et, lorsqu'elle a eu fini, je l'ai remerciée de son aide.

Lorsqu'elle a quitté la pièce, mes collègues m'ont regardé avec sympathie, en se demandant probablement combien de temps il me faudrait pour que je claque la porte en larmes comme l'avait fait mon prédécesseur.

Jane est revenue quelques minutes plus tard.

« Est-ce que la voiture blanche garée devant est à vous ? m'a-t-elle demandé.

— Oui, c'est la mienne.

— Ne vous garez pas devant. C'est réservé aux clients. Garez-vous de l'autre côté de la rue. »

À l'évidence, c'était faux. La plupart des employés étaient garés devant, c'est même la raison pour laquelle je m'étais mis là moi aussi.

« Pas de problème, ai-je répondu. Est-ce que je dois bouger ma voiture tout de suite ?

— Non, non, ça ira. Mais pensez à ne pas vous garer là demain matin.

— D'accord. Merci. »

Lorsqu'elle quitta la pièce, quelques collègues se sont approchés pour me témoigner de leur solidarité. Ils ont eu l'air surpris quand je leur ai annoncé que l'attitude de Jane ne me gênait pas.

Pourquoi devrais-je m'en soucier ? Cela ne me concernait pas.

Si mes collègues m'avaient annoncé le matin que Jane s'entendait avec tout le monde, que c'était la patronne la plus aimable que l'on puisse imaginer, et qu'elle était venue me voir et s'était comportée comme elle s'était comportée, je me serais posé des questions : si elle n'agissait pas comme ça d'habitude, ç'aurait pu vouloir dire qu'elle avait un problème avec moi. Mais ce n'était pas comme ça que ça s'était passé : les gens m'avaient prévenu qu'elle était difficile à vivre, ce qui était vrai. Elle n'avait donc rien contre moi. Elle était juste le genre de personne qui a besoin de marquer son territoire, elle avait montré ses muscles pour que le petit nouveau comprenne bien qui était le patron. Ça m'allait très bien, et puis j'étais payé.

Les gens qui avaient démissionné, claqué la porte ou fondu en larmes à cause de la façon dont Jane s'adressait à eux étaient en colère contre une fiction qu'ils s'étaient imaginée sur Jane et eux. Mais il n'y avait pas de « Jane et eux ». Ce n'était pas un problème avec eux, pas plus que le menu du petit déjeuner de Jane. Cela concernait seulement Jane. Pour je ne sais quelle raison, elle se comportait ainsi, un point c'est tout.

Vu que je n'avais pas pris les choses personnellement ni réagi à ses méthodes de sergent-major, Jane a senti que ce n'était pas la peine de continuer. Je ne lui résistais pas, elle n'avait plus besoin d'asseoir sa domination sur moi. Très vite, j'ai appris des choses sur Jane que la plupart des gens qui travaillaient avec elle ignoraient – sa chaleur, son sens de l'humour, sa passion pour son métier. Elle aimait sincèrement ce qu'elle faisait, et elle était douée pour ça. Que vous l'appréciiez ou non (je l'appréciais), que vous soyez d'accord avec elle ou non (je l'étais rarement), elle valait toujours la peine d'être écoutée.

Pourtant, si je ne n'avais pas été entraîné à ne pas prendre les choses personnellement, je me serais senti bousculé, et forcé de défendre quelque chose qui n'existait pas. J'aurais dit à Jane de se carrer son boulot dans le cul, et j'aurais démissionné avant même d'avoir commencé. En restant aveuglé par l'histoire que je me serais fabriquée, je serais passé à côté de tous les bons aspects de ce métier, et je n'en aurais rien retiré à part une histoire où je me serais victimisé.

CŒUR BRISÉ

Dans les conversations, les films, les chansons, on entend toujours parler de cœurs brisés. Avec la mort, c'est sans doute ce que nous redoutons le plus, au point d'essayer de l'éviter à tout prix.

Mon cœur est brisé. Il a toujours été brisé, aussi loin que je me souvienne, et j'espère qu'il ne guérira jamais. Car la fêlure dans mon cœur est l'endroit par lequel les autres peuvent y pénétrer, et par où la compassion se diffuse dans le monde. Un cœur brisé est un maître, envers lequel il faut être reconnaissant. Lorsque nous devenons intimes avec notre cœur brisé, sans le redouter ni essayer d'y échapper, alors nous devenons bienveillants. Lorsque nous devenons intimes avec la mort, sans la redouter ni essayer d'y échapper, nous devenons attentifs, et alors tout devient lumineux et sacré, et rien n'est plus jamais banal.

PRENDRE SOIN DU CORPS DE BOUDDHA

On me demande souvent s'il est nécessaire, pour une personne qui pratique le zen, de prendre soin de son corps, et s'il est si grave de le négliger et d'abuser du tabac, de l'alcool, d'une alimentation déséquilibrée ou de la drogue, et de manquer d'exercice physique. L'argument est souvent le suivant : est-ce que prendre soin de sa santé ne serait pas le signe d'attachement de quelqu'un d'autocentré ?

Un tel point de vue tend à séparer le corps et l'esprit. Le corps *est* le *zendô*, le lieu où l'on pratique la méditation. Un *zendô* mal entretenu et pas rangé n'est plus un *zendô*, et il en est de même pour le corps, parce que la différence, la séparation que vous percevez est illusoire. Si vous nettoyez méticuleusement le *zendô*, que vous le rangiez, que vous entreteniez l'autel, que vous vous assuriez que les chaussures sont bien alignées, que tout est bien à sa place, mais que vous négligiez votre corps, alors autant ne pas le faire.

Le *zendô* doit être bien entretenu et maintenu en ordre pour accueillir du mieux possible la pratique du zen. Le corps doit être entretenu et maintenu en forme pour la même raison, et il en est de même pour l'esprit. Un *zendô* sale et négligé ne va pas donner envie aux gens de pratiquer. Si vous négligez votre santé, vous faites porter à d'autres ce fardeau, et vous compliquez ou empêchez votre pratique.

Faire la poussière sur l'autel et nettoyer son corps procèdent du même geste. Prendre soin du sol, des statuettes et des coussins du *zendô* revient au même que nourrir et prendre soin de son corps. Si vous les négligez, le *zendô* devient une pièce comme une autre, et votre corps n'est plus qu'un bout de viande.

LE CORPS DE BOUDDHA AUX ORDURES

« *Somme toute,*
les choses sont fidèles.
Elles suivent les règles
avec précision.
En retour, nous leur devons
notre bienveillance. »

Robert Aitken

Dans la poubelle se trouve un cadre vide. Il n'est pas cassé ; mis à part quelques taches dues aux ordures, il est en parfait état et paraît neuf. La personne qui l'a jeté l'a simplement fait parce qu'elle ne l'aimait pas. Je trouve ça aussi choquant qu'un meurtre ou un vol. Un tel mépris pour tout ce qui est animé ou inanimé équivaut à tuer ou à voler.

Il n'a pas traversé l'esprit de la personne qui l'a jeté d'en faire don à quelqu'un qui l'aurait voulu, ou de l'offrir à une œuvre de charité. Cette personne, qui n'a pas de respect pour le cadre, n'a de respect pour rien ni personne. Pas de respect pour les autres, et même pas pour elle-même.

Cette personne est parfois satisfaite et arrogante, d'autres fois déprimée, mais elle est toujours malheureuse. Elle ne sait pas pourquoi, mais moi je le sais.

Est-ce que vous traitez les choses irrespectueusement, les considérez-vous comme remplaçables et jetables à votre guise ? Est-ce que vous consommez, détruisez, consommez, détruisez, encore et encore ? Est-ce que vous avez l'habitude de balancer à la poubelle les choses qui vous déplaisent parce que vous les considérez comme des ordures ?

Et vous ne savez pas pourquoi vous êtes malheureux ? Moi si.

BOUDDHA FAIT DE PIERRE, BOUDDHA FAIT D'ESPACE

Partout où j'ai vécu, j'ai toujours eu une statue de Bouddha près de ma porte d'entrée. Quand je suis rentré chez moi un soir, elle avait disparu.

Mon premier réflexe a été d'éclater de rire. Puis j'ai ressenti une étrange affection pour le voleur. Qui était-ce ? Mon voisin accro à la meth ? L'un de ses nombreux amis qui allaient et venaient ? Et pourquoi voler le Bouddha ? Pourquoi pas l'un des trucs de déco des gens qui habitaient en dessous ? Est-ce que la personne l'avait dérobé parce que l'image l'avait attirée, ou parce qu'elle pensait qu'elle pourrait facilement la revendre (bon courage pour ça, elle ne valait pas grand-chose) ? Malgré mon évidente contrariété, je ne pouvais m'empêcher de me sentir heureux que quelqu'un ait voulu d'elle, quelle qu'en soit la raison, et je souhaitais de bonnes choses à celui ou celle qui l'avait pris.

J'étais en train de regarder la place où aurait dû se trouver la statue, près de la porte, quand mon voisin a surgi de la pénombre derrière moi, torse nu.

« Salut, ai-je lancé.

— Salut mon pote. » Renifle, renifle, renifle. « Quoi de neuf ?

— T'aurais pas vu la statue de Bouddha qui se trouvait ici ?

— C'est pas moi, mon pote ! »

Je l'ai regardé et j'ai souri, sans rien dire. Il a disparu dans la touffeur de l'obscurité.

J'ai contemplé la place désormais vide près de ma porte, l'ai saluée, et suis rentré chez moi.

Le voleur avait pris une statue qui était à côté de ma porte, mais le Bouddha était toujours là. Il était l'espace vide. Il se promenait torse nu dans le noir, il était assis derrière mon bureau pour taper ces mots, et il les lisait à travers mes yeux.

LA MEILLEURE FAÇON DE VIVRE, C'EST D'ÊTRE MORT

Une de mes amies m'a dit un jour que si ce n'était la peine qu'elle causerait aux gens qui l'aiment, elle se tuerait.

Je lui ai expliqué qu'au lieu de se tuer, elle ferait mieux de tuer son ego.

Observez l'histoire de votre vie, telle qu'elle a été et telle qu'elle est actuellement. Et si vous coupiez un des personnages de l'histoire – vous ? Et si vous supprimiez ce personnage qui désire et évite, mais que votre esprit ouvert et attentif reste ? Pas d'attachement au désir ou à l'évitement, seulement un esprit ouvert et attentif ? Y aurait-il encore des problèmes dans votre vie ? Y aurait-il encore des problèmes dans votre passé ? Qu'est-ce qui crée les problèmes ?

Comme le plaisir, la douleur est une conséquence naturelle du fait d'avoir un esprit et un corps. La souffrance, elle, est seulement engendrée par l'absorption d'ego. Retirez votre ego, et il ne reste plus que vous, dans le présent. Vous constaterez peut-être alors qu'il existe une attention joyeuse (ce que l'un de mes disciples appelle un « fredonnement ») qui imprègne tout ce qui se passe, tout ce que vous aimez, et tout ce que vous n'aimez pas.

Si vous en avez marre de la souffrance, de la frustration et de l'insatisfaction qui envahit tous les recoins de votre vie, la bonne réaction ne consiste pas à mettre fin à votre vie, mais plutôt à la vie de votre ego, source et raison de toutes vos souffrances. Au lieu d'appuyer sur la gâchette du pistolet, de vous trancher les poignets ou d'avaler des comprimés, ne faites rien. Asseyez-vous, immobile, et décidez que vous êtes mort.

Bon, alors, maintenant que vous êtes mort, qui est là pour souffrir ? Qui est là pour avoir peur ? Pour être anxieux ? En colère ? Jaloux, envieux, avide ? Pour se sentir en échec, et croire qu'il est un raté ? Lorsque vous tuez votre ego, vous brisez vos chaînes. Sans votre ego focalisé sur les conséquences, vous pouvez vivre au service de tous les êtres – vous y compris.

Mais on ne peut pas le décider en un claquement de doigts, et automatiquement vivre libéré. Vous devez pratiquer le zen. Vous devez être attentif, chaque jour. Vous devez pratiquer le zazen, et lorsque c'est fait et que vous vous relevez de votre coussin, vous devez emporter cette pratique avec vous. Dans le zazen, vous faites l'expérience de l'absence de soi : l'ego n'est qu'une histoire que l'on se raconte. Vous comprenez que le Bouddha que vous pouvez nommer, le Bouddha qui est en dehors de vous, n'est pas le Bouddha, mais juste une histoire, une autre version de l'ego.

Lorsque vous vous sentez euphorique, ressentez-le simplement. Soyez-y attentif. Lorsque vous vous sentez désespéré, ressentez-le simplement. Soyez-y attentif. Ensuite, posez-vous la question :

« Qui est-ce ? Qui est-ce qui ressent ça ? »

La question est une réponse. Il n'y a personne ici. Après vous être débarrassé de vous-même, après avoir tué votre personnage, vous pouvez enfin vivre la vraie vie, une vie de liberté. Ne vous agrippez à rien, vous avez tout.

Tuez votre ego. Et libérez-vous.

TABLE

Ouvrage composé par
PCA 44400 Rezé

Imprimé en Espagne par
Liberdúplex
à Sant Llorenç d'Hortons (Barcelone)
en mars 2020

S29952/01